SI Libretto——002

身近な経済学

小田急沿線の生活風景

原田博夫編

専修大学出版局

はじめに

本書の成り立ちから始めましょう。

専修大学生田キャンパス（神奈川県川崎市多摩区東三田）の教職員食堂での三人の会話からでした。平成一七年七月、すでにさまざまな交流のあった加藤茂夫教授（経営学部）と上田和勇教授（商学部）と私・原田（経済学部教授）の三人が、ちょうど同席となりました。少し遅れて席についた私に、加藤先生と上田先生のお二人が、待ちかねたとばかりに、「『小田急沿線新聞』（月二回発行）にコラムを書いてもらえないか、しかも、経済学部から他に三名の執筆者を選んでもらいたい」というのです。聴いて見ると、加藤先生が、小田急沿線新聞代表の石川眞理子さんから、その年の一月から月一回年一二回の連載コラム「身近な経済学」シリーズの執筆企画を依頼され、すでに、経営学部から四名、商学部からも上田先生を含めて四名の教員による毎月一回の連載をスタートさせている、しかし、この後の四回分（要するに、九月～一二月）

を経済学部で引き受けてもらえないだろうか、というものでした。『小田急沿線新聞』という地元密着型の貴重な情報紙（無料配布）の存在は知っていましたし、総合社会科学系の大学の中の経済系三学部としての連携と交流の必要性などについての認識を共有し、日頃からいろいろな意見を交わしている三名の間では、それ以上の細かな相談・調整は必要ありませんでした。われわれが盛り上がっているところに、田口冬樹教授（経営学部）も同席し、すでに執筆済みの立場から、後押しがありました。

その結果、『小田急沿線新聞』の平成一七年一月から一二月までの一二回にわたる連載コラム「身近な経済学」が完成したのです。具体的には、以下の通りです。

①加藤茂夫（経営）「「ベンチャー企業」とは何か」（平成一七年一月一一日号）
②田口冬樹（経営）「ブランドとＯＥＭ」（平成一七年二月一一日号）
③大柳康司（経営）「危ない会社の見分け方」（平成一七年三月一一日号）
④馬場杉夫（経営）「ほめて創る　アメリカの底力」（平成一七年四月一一日号）
⑤上田和勇（商）「車の強制保険は公平か　英国との比較」（平成一七年五月一一日号）

⑥熊倉広志（商）「CMの、ちょっと新しい見方」（平成一七年六月一一日号）
⑦中村博（商）「なぜ、ポイント・カードは普及しているのか」（平成一七年七月一一日号）
⑧在間敬子（商）「地球温暖化をめぐる動き」（平成一七年八月一一日号）
⑨原田博夫（経済）「これからのまちづくり」（平成一七年九月一一日号）
⑩永江雅和（経済）「ランドマークとしての近代化遺産（向ヶ丘遊園駅舎）」（平成一七年一〇月一一日号）
⑪泉留維（経済）「地域通貨の現在」（平成一七年一一月一一日号）
⑫内山哲朗（経済）「社会的協同事業としてのインターンシップへ」（平成一七年一二月一一日号）

その後、この連載を通読して見ると、この際、これをまとまった形（具体的には新書判の書籍）にしたほうがいいのではないか、と私には思えてきました。それぞれが取り上げたテーマ、素材、問題意識などが、ひとくくり出来そうに思えたのです。それぞれのコラムをベースにしてさらに敷衍すれば、時代背景と地域特性を反映した同時代的で問題提起型の書籍が生み出せるのではないか、と気付いたのです。そこで、翌平成一八年春に先の三名に提案すると、これもすぐに意見が一致しました。この書籍案の仮タイトル・コンセプトは、その後しばらくは、「小田急沿線の経済学」でした。しかし、確かに素材は小田急沿線に求めている事例が多いが、その社会的意義や影響はこの地域だけに限定されるわけではないと考えると、やはり連載コラムの当初のタイトル「身近な経済学」をメインとし、サブタイトルを「小田急沿線の生活風景」とすることで落ち着きました。読者の皆さんにもわれわれの狙いが理解していただければ、幸いです。

ところで、小田急沿線新聞代表の石川眞理子さんのことに触れておきたいと思います。実は、『小田急沿線新聞』も石川眞理子さんも、すでにこの世には存在しません。昭和三三年一〇月創刊の『小田急沿線新聞』は、平成一八年一二月二五日（第一一〇九）号をもって廃刊されました。その編集・代表を永く勤めた石川眞理子さんは、平成一八年六月に急逝されています。この『小田急沿線新聞』は石川眞理子さんのお父様によって東京都世田谷区豪徳寺で始められ、当時、高校生だった眞理子さんも早くから編集に協力されていましたが、お父様が亡くなった後はほとんどすべてをお一人で仕切っていたようです。この情報紙は、基本的にはザラ紙タブロイド判八ページ分からなり、小田急沿線の季節のイベントや催し物を紹介するもので、沿線の各駅に備え付けられていて、月二回・無料で配布されていました。平成の時代になると、こうした地元密着型の情報紙も次第に大判・カラー化する中で、タブロイド判・モノクロ印刷の情報紙はかなり地味な印象でした。それでも時には、地元の大学や病院の関係者などを執筆者としたタイムリーで社会的に意義のある寄稿記事などが掲載されていて、なかなか貴重であると同時に少し気になる存在でした。

そうした中、石川眞理子さんは平成一六年晩秋、私たちの仲間・加藤茂夫教授（経営学部）にアプローチし、連載コラム「身近な経済学」を依頼したのです。加藤先生は、こうした地元密着型の地域への貢献は、これからの大学の使命の一つでもあると日頃から考え具体的に企画・実践していましたので、冒頭述べたように、早速引き受けその後の学内メンバーへの橋渡しを試みたのです。これは、期せずして、今日の専修大学の教育・研究理念である「社会知性（ソシオ・インテリジェンス）」の開発・発展・展開の実例に相当すると考えられます。しかも、そうした地元・コミュニティとの連携には、人と人のつながりやネットワークが必要で、それは必ずしも短期的な金銭的報酬や直接的な利害得失に左右されない信頼関係によって裏付けられているべきだ、との好例と思います。同時に、本書を、小田急沿線をベースに地域ネットワークに取り組まれた、いまは亡き石川眞理子さんにささげたいと思います。

また、本書の成立には、最終段階で吉田雅明教授（経済学部）の献身的な協力をいただきました。本書のあちこちに散りばめてあるスケッチおよび各執筆者の似顔絵（巻末を参照）は、ケインズ研究あるいは複雑系経済学研究で著名な吉田先生の手によるものです。本書のアイディアが出来上がりつつある頃、上田先生を通して、本書の趣旨・企画に賛同した上で、その彩として、文章ではなく絵心を提供してもいい、というお申し出を受けました。ともすれば研究者は、自分の論文・著作の執筆を最優先し、その他の社会的活動を拒否しがちなところ、こうしたお申し出は本当に貴重でした。われわれとしては、ありがたく受け入れることにした次第です。スケッチには、本書のテーマに関連のある風景が切り取られています。本書の味わいを深めていただければ、幸いです。

最後に、本書の企画・編集を担当した私・原田の不手際をお詫びしなければなりません。加藤先生や上田先生のネットワークから始まり、私の着想で拡大した本書ですが、最終段階で、私の個人的な入院・加療、公務多忙、介護問題などのため、取りまとめが大幅に遅れました。本書に問題があるとすれば、それはひとえに編集を担当した私・原田の責任です。それにもかかわらず、最終段階まで辛抱強くお付き合いいただいた専修大学出版局の笹岡五郎さんにも感謝します。

平成二一年三月

原田博夫

2007.7.31
向ヶ丘遊園駅近

身近な経済学

——小田急沿線の生活風景

〈目次〉

第1部 地域

1章

小田急沿線の地域社会

原田博夫

江戸から東京へ

江戸時代から、江戸（東京）は日本の政治権力の中心でした。しかし、商業・流通面では、大阪を中心とした近畿・関西圏の力は侮れない大きさでした。それに、幕藩体制というのは大小さまざまな大名が各地に分立していることですから、一種の群雄割拠の状態でした。全国各地の大大名のお膝元は、家臣団である武士階層に加えて、それを相手にした商売を生業とする商工業者も集積し、なかなかに賑わっていました。こうした状況は明治維新を経ても、それほど変わったわけではありません。確かに、士族階層は経済面では相当に没落しましたが、新政府の下に採用されたり、さらに新たな職業が出現したりして、再び、全国各地の県庁所在地あるいはそれに匹敵する市町は、かなりの人口集積でした。むしろ、江戸詰めの武士達が元の城下町に戻ったりしたため、江戸・東京の人口は半減した、とさえ言われています。

こうした激動期の都市人口は、明治九年（一八七六年）には、最大は東京の一一二万人、以下、大阪三六万人、京都二五万人、名古屋一三万人、金沢一〇万人、横浜九万人、と続きます。明治政府のお膝元・首都東京や文明開化の窓口となった横浜への人口流入がすでに顕著です。しかし道府県域で見ると、人口の流動化がそれほど大規模に生じていたわけではありません。明治二一年（一八八八年）の人口調査によれば、最大人口県は新潟県で一六六万人、二位は兵庫県で一五一万人、三位愛知県一四四万人、東京府は四位で一三五万人にとどまっています。しかし「第一回国勢調査〈大正九年（一九二〇年）〉」になると、最大は東京府三七〇万人、二位は大阪府二五九万人、三位北海道二三六万人、四位兵庫県二三〇万人、五位福岡県二二〇万人、六位愛知県二〇九万人です。今日の感覚・常識からすると、北海道への人口流入と、福岡県の人口の大きさには、意外な感がします。

いずれにせよ、東京への人口流入は、明治期以降かなり急激で顕著になっていましたが、多くの一般庶民の生活はまだ江戸時代の市街地を前提にしたものだったようです。

私鉄沿線・東京郊外の開発

大正一二年（一九二三年）九月一日午前の関東大震災は、近代日本の首都となった東京にまだ色濃く残っていた、江戸時代の雰囲気・町並みの様子を一掃してしまいました。それまでの市街地はせいぜい、台東区、墨田区から文京区、中央区、港区、千代田区あたりまででした。つまり、現在のJR山手線あたりが西外れだったわけです。しかし関東大震災によって、江戸時代以来の市街地は壊滅的な被害を受けました。さまざまな意見・反省・流言の噴出する中、政府は、山本権兵衛首相を総裁とした帝都復興審議会を創設し、東京の復興に取り組み出しました。後藤新平の帝都復興計画案など、きわめて壮大なものもありました。こうした取り組みのひとつが東京西部域の開発です。具体的には、現在のJR山手線の外側（西・南）に、郊外型の住宅地や工場を展開しようというアイディアです。

しかし、関東大震災以前にもすでに、東京の都市改造あるいは住宅問題解決のためのさまざまなアイディア・試み・事業化は進んでいました。代表的なアイディアがイギリスのハワードによる田園都市論 To-morrow : A Peaceful Path to Real Reform（一八九八年刊行）で、日本では内務省地方局有志により明治四〇年（一九〇七年）に翻訳・紹介されていました。このとき、ガーデン・シティが田園都市と訳されたのです。このアイディアを事業化したのが最後の将軍・徳川慶喜の側近・幕臣から実業家に転じていた渋沢栄一で、大正七年（一九一八年）に田園都市株式会社が設立されました。

この「田園都市」の狙いは、昼は都心部で働き、夜や週末は緑豊かな郊外で暮らす、都市型住民のライフスタイルを実現させる近代的な住宅地の建設・実現にありました。都心部への通勤・移動を容易に実現するために、大正一一年（一九二二年）、鉄道部門を独立させ、目黒蒲田電鉄株式会社（現在の東急電鉄の前身）が発足し、翌年、目蒲線が開通しています。

同様な試みは、東京の郊外全域で一斉に登場しています。一種のブームです。千葉県方面では、江戸時代から多数の参拝者を集めていた成田山新勝寺と都心を結びつけるアイディアの下、明治四二年（一九〇九年）、京成電気軌道株式会社が設立されました。開業（押上—市川間、曲金（現・京成高砂）—柴又間）は、大正元年（一九一二年）です。栃木県方面には、東武鉄道が明治三〇年（一八九七年）に設立され、二年後に北千住—久喜間で営業が開始されました。埼玉県方面では、武蔵野鉄道が大正元年（一九一二年）に設立され、三年後に池袋—飯能間で営業開始されました。その後この会社は、明治二五年（一八九二年）に設立され二年後に国分寺—久米川（現・東村山）間で営業開始した川越鉄道を前身とする西武鉄道との合併などを経ています。東京府多摩地区では京王電気軌道が、大正二年（一九一三年）に、笹塚—調布間で営業を開始しています。新宿追分―東八王子間の直通運転が開始されたのは、昭和三年(一九二八年)でした。

このような、郊外への拡大は、主として住宅地を求めての動きでしたが、それを促す文化的な雰囲気・気分もありました。たとえば、明治・大正時代の文化人達はこぞって郊外生活を推薦・実践し、著作に残しています。ざっと名前を挙げてみただけでも、片山潜、森鷗外、幸田露伴、徳富蘆花、国木田独歩、幸徳秋水、田山花袋、佐藤春夫などがいます。これらの文化人達は、都会の喧騒、狭隘さを嫌い、東京郊外の武蔵野の雑木林を散策・思索の場としたのです。他方、内務省地方局有志、片岡安、渋沢栄一などは、もう少し政策志向・事業遂行型でした。さらには昭和一四年(一九三九年)に内務大臣に報告された東京緑地計画は、壮大な都市計画論で、戦時体制・統制経済の下での防空構想に転じた部分もありますが、第二次世界大戦後の復興・開発・成長のベースともなっています。

こうした動きを見てみると、アイディア・着想と政策・計画論、事業展開がかみ合うことによって、東京郊外には住宅地が広がるだけでなく、そこに展開される生活文化面での独自のスタイルを確認できるところまで達した、と言えそうです。

小田急線の開発・発展

小田急線の路線は、江戸時代の街道筋でいえば、東海道と甲州街道に挟まれた、いささか裏街道の趣ですが、実は、江戸時代にはやった「大山詣《おおやまもうで》」の道筋に相当します。江戸庶民にとって、一～二泊で、手ごろな距離の神奈川県・大山から江ノ島まで足を延ばし、東海道藤沢宿で精進落としを楽しむのが、夏の定番行楽ルートだったようです。ただ、このルート上の地域を江戸（東京）に結びつける日常生活上の必然性は、江戸時代はおろか明治時代になっても必ずしも明白ではありませんでした。

加えて、現在は京王線と小田急線の通っているこの三多摩地区は、明治四年（一八七一年）の廃藩置県当時の行政区画では神奈川県に属し、もともと自由民権運動が盛んな地域でした。そこに、膨張する東京の人口に対応し、公衆衛生や玉川上水の水利権確保および奥多摩地区の水源確保の観点から、この三多摩地区を神奈川県から東京府に移管する構想が浮上しました。反政府色の強い土地柄だったこの多摩地域の取扱いに手を焼いていた当時の神奈川県知事が、渡りに船とばかりにこの話に乗り、明治二六年（一八九三年）に、この行政区画の変更が実現したのでした。いずれにせよ、この時点までは、京王線地区や小田急線地区の住民も行政も、必ずしも都心への接続を最優先課題にしてはいませんでした。それが、一挙に変わったのが、大正末期に発生した関東大震災だったのです。

小田急線は、昭和二年（一九二七年）に、東京・新宿と小田原間八二・八キロで営業を開始しました。小田原急行鉄道株式会社の設立が大正一二年（一九二三年）ですから、これだけ長い区間をきわめて短期間で完成しています。この背景には関東大震災後の切迫した事情もありましたが、当時の鉄道路線・ネットワークの構造的な課題もありました。

当時の東海道線はまだ丹那トンネルが開通していませんでした。丹那トンネルの工事着手は大正七年（一九一八年）ですが、大変な難工事のため、開通は一六年後の昭和九年（一九三四年）にずれ込みました。いずれにせよ、当時の東海道線は国府津から御殿場に入り沼津に出ていました。そのため、この小田急線の開通は、湯河原や箱根などといった、避暑・避寒地であると同時に温泉地を東京（新宿）と結ぶ契機となったのです。

加えて、丹那トンネルの開通で東京から熱海への直通ルートが出来ると、それに対抗するように小田急線は、翌昭和一〇年（一九三五年）には、新宿－小田原間をノンストップの週末温泉特急を走らせているのです。鉄道路線間での観光客の誘致合戦がすでに始まっていたのです。

小田急沿線――下北沢地区

下北沢地区は、世田谷区北沢一丁目から五丁目と代沢の一部あたりを指します。小田急線と京王井の頭線の交差する利便性から、戦前から戦後にかけては都心への通勤者の閑静な一戸建ての住宅地でした。近くには、明治大学和泉キャンパス、東京大学駒場キャンパスなどがあるため、若者・単身者向けの下宿・アパートなども広がっていました。しかし、本多劇場が一九八二年に開設し、それ以来、新宿の紀伊國屋ホールとともに小劇場ブームを牽引し、いまや演劇・ファッション・デザインなどを中心とした若者文化のメッカです。下北沢地区におけるこの本多劇場の存在は、新宿の中村屋（カレー店）、紀伊國屋ホール、渋谷のパルコ、Ｂｕｎｋａｍｕｒａ（一九八九年創設）などに匹敵します。

どの程度の賑わいかは、世田谷区内における北沢地区の事業所・従業者の占める割合からも見てとれます。図1では、事業所について、北沢地区の占有率の高い業種から並べています。事業所総数では二一％程度ですが、ゲームセンター四〇％、興業場三七％、喫茶店三三％、カラオケ三二％、音楽教授業三〇％、といった具合です。図2では、従業者についての北沢地区の占有率です。総数では一六％程度ですが、興業場は四三％に、すし三四％、カラオケ三三％、酒場三一％、喫茶店二九％に上っています。街中が喧騒の只中、といった雰囲気です。この分野では、いずれも電車で一五分程度の時間距離の新宿、渋谷といった大ターミナル駅地区に匹敵する集客力があると言えるでしょう。

ともかく現在の下北沢駅周辺は、狭隘な路地が入り組んでいて、雑貨店、古着屋、生地屋、飲食店、遊技場などが雑多に軒を並べています。こうした賑わいはこの街の特徴・魅力となっていますが、駅前にも公共スペースがほとんどなく、待ち合わせの時間帯でもある夕方の人ごみは尋常ではありません。車の通り抜けも儘なりません。したがって、駅前広場の拡張あるいは駅周辺街路の整備などが地元あるいは東京都サイドなどから検討・要望されていますが、近年は、せっかく特徴のある景観・街並みが自然発生的に形成されてきたのだから、この蓄積・魅力を大事にすべきだとの意見

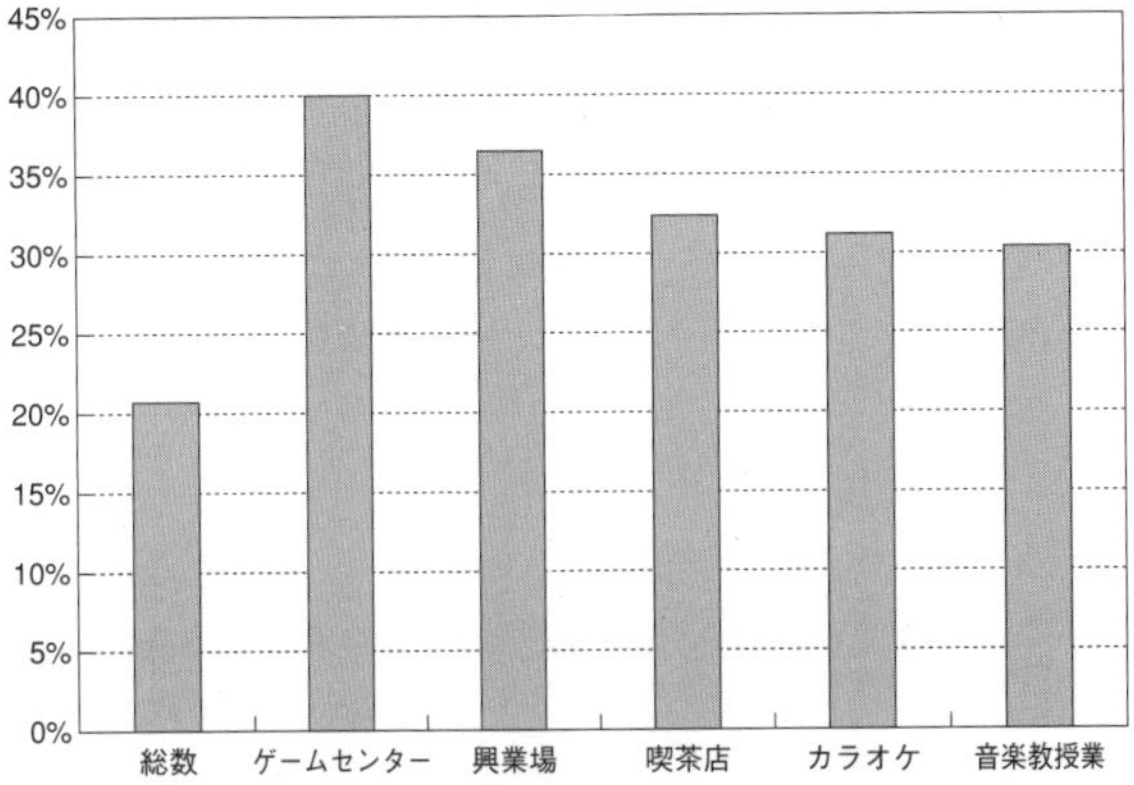

図1　世田谷区における北沢地区の事業所数の割合（2004）

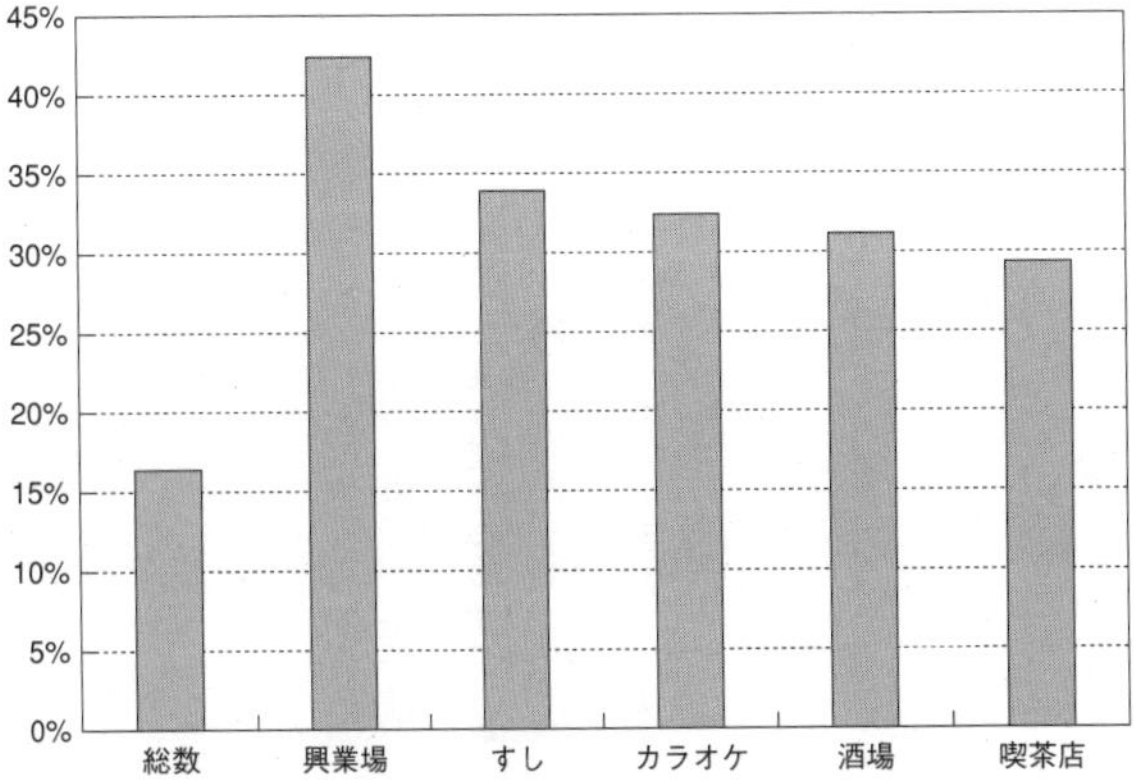

図2　世田谷区における北沢地区の従業者数の割合（2004）

も文化人や来街者などから起こってきています。再開発あるいはその構想が、街のせっかくの特徴を高めるのか殺《そ》いでしまうのか、判断の難しい局面です。

小田急沿線——成城学園地区

この地域は東京では、東急東横線・目蒲線の田園調布地区とならんで、富裕層の住宅街として有名です。もともとは、大正六年（一九一七年）に実験的な初等教育を目指してスタートした成城学園という学校法人が、大正一四年（一九二五年）にこの地に幼稚園を移転したのが始まりのようです。その意味では、当初から、自由で開放的な大正デモクラシーの雰囲気と都市型文化人の家庭生活・教育理念の気分を、この街全体が持っているようです。

当初は駅前食料品店に過ぎなかった「成城石井」は、現在では、全国展開するほどに拡大・成長しました。ちょうど、都心・青山で成功した「紀ノ国屋」のケースと好対照を成しています。紀ノ国屋は、いまだ戦後の雰囲気の色濃く残っていた昭和二八年（一九五三年）に、日本で初めてのセルフサービス方式によるスーパーマーケットを始めました。顧客には周辺の進駐軍関係者や大使館関係者など、外国人も多数いた

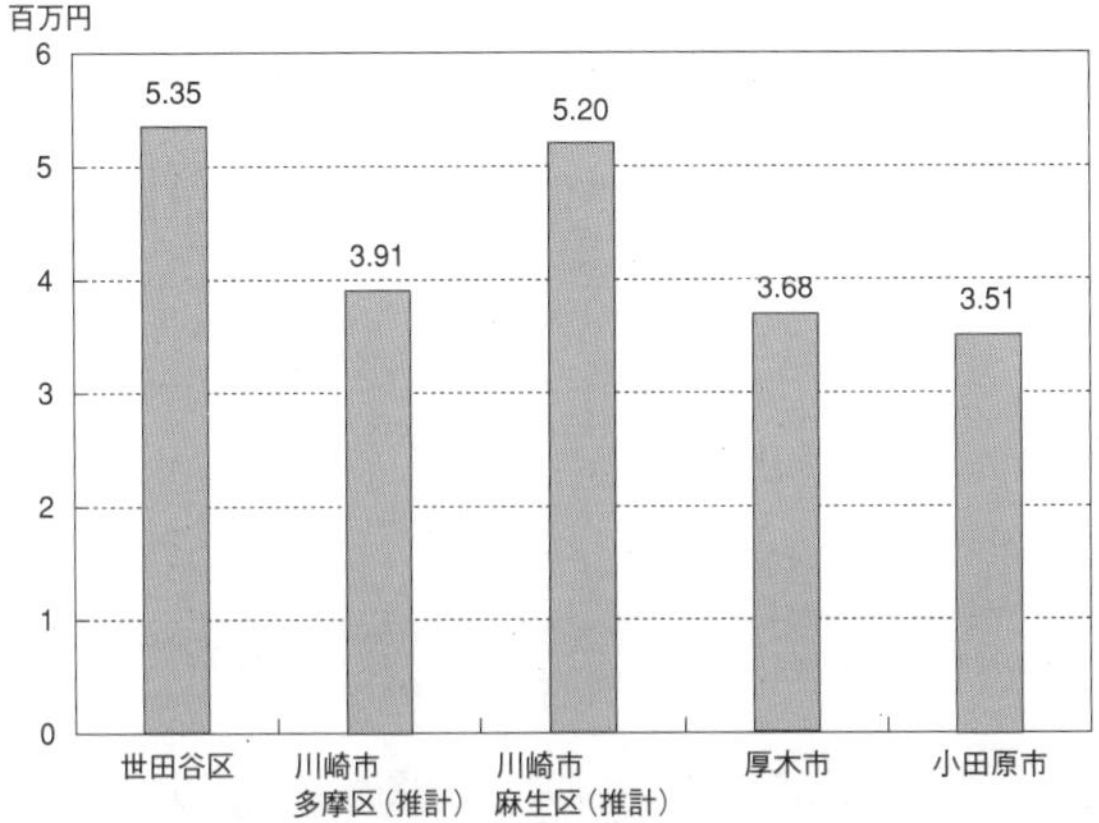

図3　課税対象者の平均所得（平成18年度）

ようです。他方、食料品店・成城石井は、成城という地域・住民の要望に応えるうち、昭和五一年（一九七六年）にはスーパーマーケットになり、今や東京周辺のみならず、大阪・名古屋にまで店舗を拡大しています。紀ノ国屋も成城石井もともに、高級感を売り物にして、量的拡大も図っているようです。

　世田谷区や成城地区の住民の所得水準の高さは、課税所得の平均額を見ても分かります。図3の数値は平成一八年度のものです。成城地区の含まれる世田谷区の所得は五三五万円で、小田急沿線の地域では一番高い水準です。しかし、東京の自治体（市区町村）の、最高は港区一〇〇七万円、千代田区八二〇万円、渋谷区七三四万円と比べて見ると、それほど飛び抜けているわけではありません。ただ、さらにデータを細かく（町丁目で）見ると、成城六丁目三一〇〇万円、成城五丁目二三〇〇万円なので、この地域の突出ぶりには目を見張ります。高級食材を取り扱う店舗が立地・営業を展開している理由もうなずけます。

小田急沿線――登戸・向ヶ丘遊園地区

この地区は、川崎―立川間を結ぶJR南武線と小田急線の交差するところです。戦前は、多摩川のこのあたりの流域では砂利採取が盛んでしたが、戦後はなくなりました。果樹園（梨）は戦後もしばらくは盛んでしたが、現在は僅かに残るだけです。JR南武線は当初は貨物の取扱いも相当な規模に上りましたが、この沿線に電器メーカーの工場・研究所が相当数立地していることもあり、昭和六〇年代以降は基本的には、川崎駅方面への通勤線と言っていいでしょう。年齢の比較的若い住民が多く、単身者の割合も高く、児童保育に対するニーズは以前からかなり高いようです。そのためか、川崎市では公設公営の保育所が普及し、この点は、川崎市政・財政の特徴となっています。

　このように、若い勤労者を対象にしたアパートやマンションがこの地域には多数出現していますが、その規模は、多摩センター地区（東京都多摩市、八王子市、日野市などにまたがる）ほどではありません。もう少し小規模な開発が途切れなく展開している、と言えます。また、この地域には、大学も、専修大学、明治大学、日本女子大学、和光大学、玉川大学など多数所在し、若者の多い町と言えるでしょう。しかし、若者の多くは金銭的にはいつも貧乏です。購買力もそれほど高いわけではありません。当然、展開する業種・店舗も、そうした若者の懐具合を前提としたものにならざるを得なくなります。以下では、事業所と従業者の変化に着目して、最近の変貌を見てみましょう。

　増加、減少している事業所と従業者がどの業種で顕著かを、平成一三年（二〇〇一年）から一八年（二〇〇六年）の五年間での増加上位五業種と減少の大きな五業種を見ることで、それぞれの地域の特徴を見てみましょう（データは、『事業所・企業統計調査』）。多摩区（川崎市）では（図4を参照）、事業所全体ではこの間二五一減少していますが、事業所数の増加が高いのは老人福祉・介護事業、一般診療所、学習塾、美容業、医薬品・化粧品小売業です。逆に、事業所数の減少の激しいのは各種食料品

（1） 上位5業種

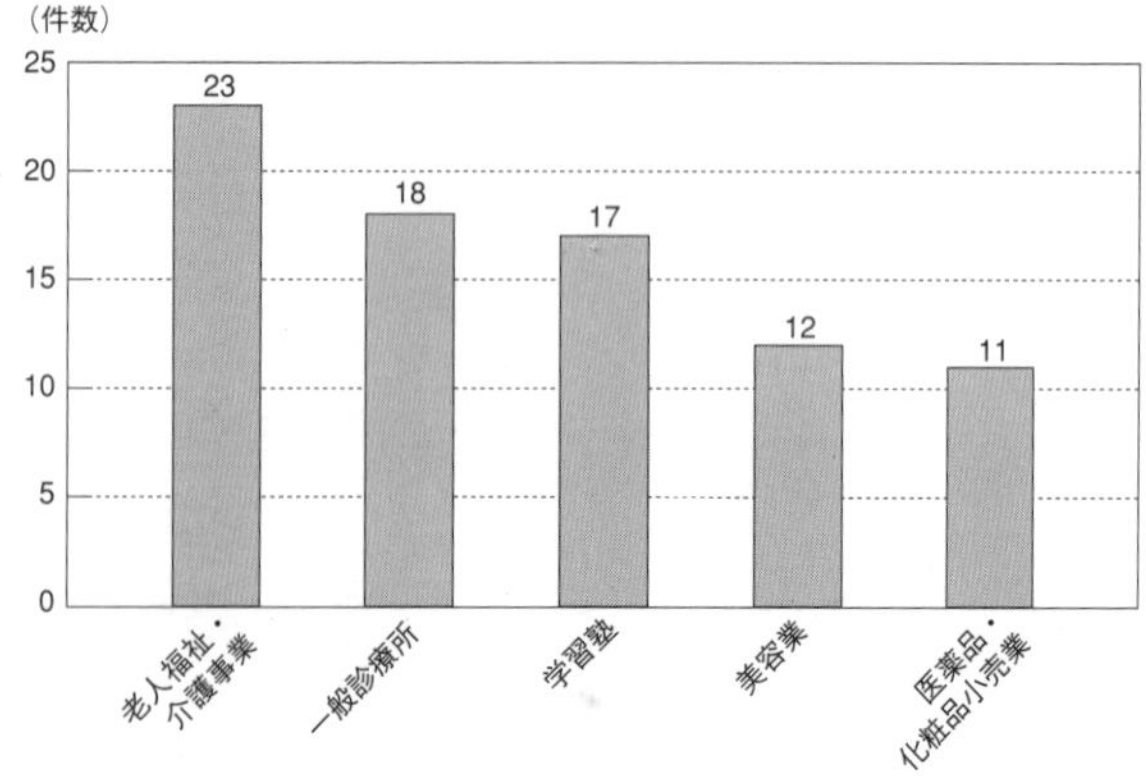

（2） 下位5業種

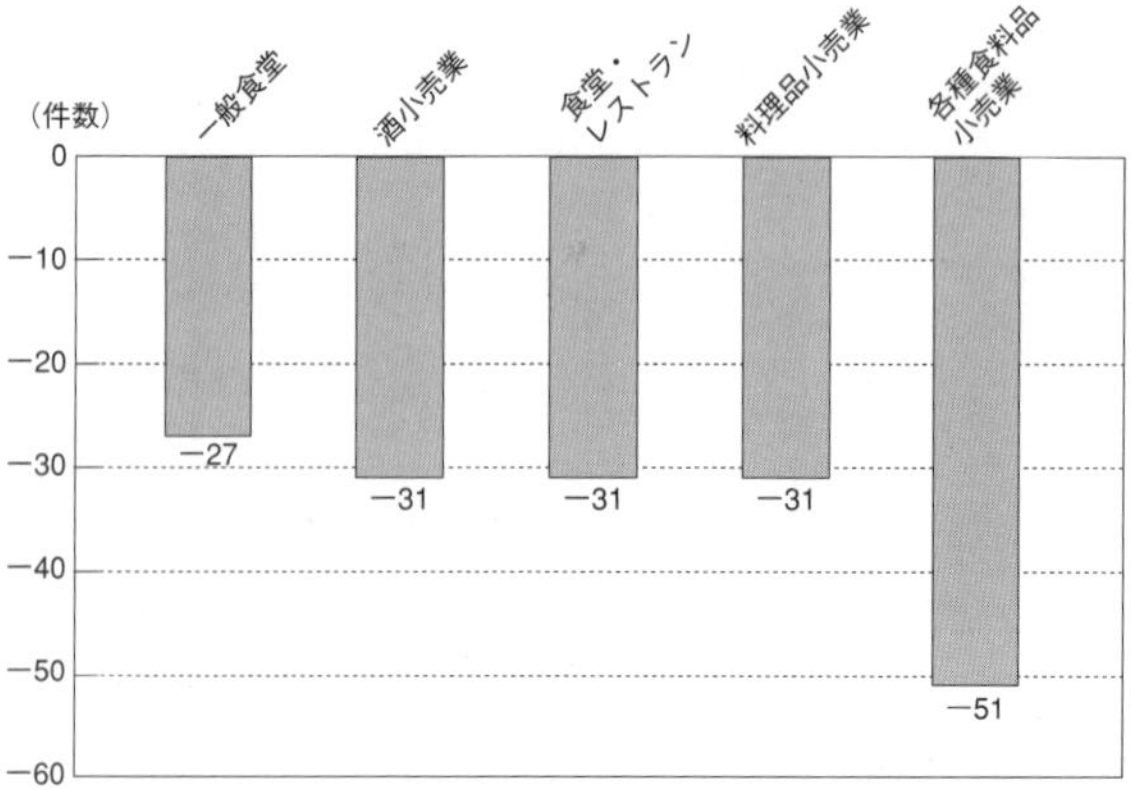

図4　川崎市多摩区事業所増加数（平成13～18年）

小売業、料理品小売業、食堂・レストラン、酒小売業、一般食堂などです。老人福祉・介護事業関係の急増ぶりは、この地域だけでなく、最近は日本全国同様な動きを示していますので、この地域だけの特徴とは言い難いのですが、やはり気になる動きです。しかし、減少業種の大半が、食料品、飲食関係であることは、この地域の特徴かもしれません。要するに、この地域ではこの種の業種に対するニーズが減少していることを反映しているようです。

他方、隣の麻生区（川崎市）では（図5を参照）、従業者全体では三一九八人増加していますが、従業者の増加している業種は社会保険・社会福祉・介護事業、老人福祉・介護事業、医療業、土木建築サービス業（建築設計業、測量業）、病院です。減少している業種は専門サービス業（法律事務所、司法書士、公認会計士、税理士、獣医業）、各種食料品小売業、書籍・文房具小売業、食堂・レストラン、フィットネスクラブなどです。

要するに、この地域は、かつての藤子不二雄の漫画キャラクター「オバQ」（「小田急線のお化け」の略称で、一九六四年に連載がスタート）に込められていたような、若々しくて元気いっぱいの街というよりは、いまや、高齢化した勤労者あるいは現役

（1）上位5業種

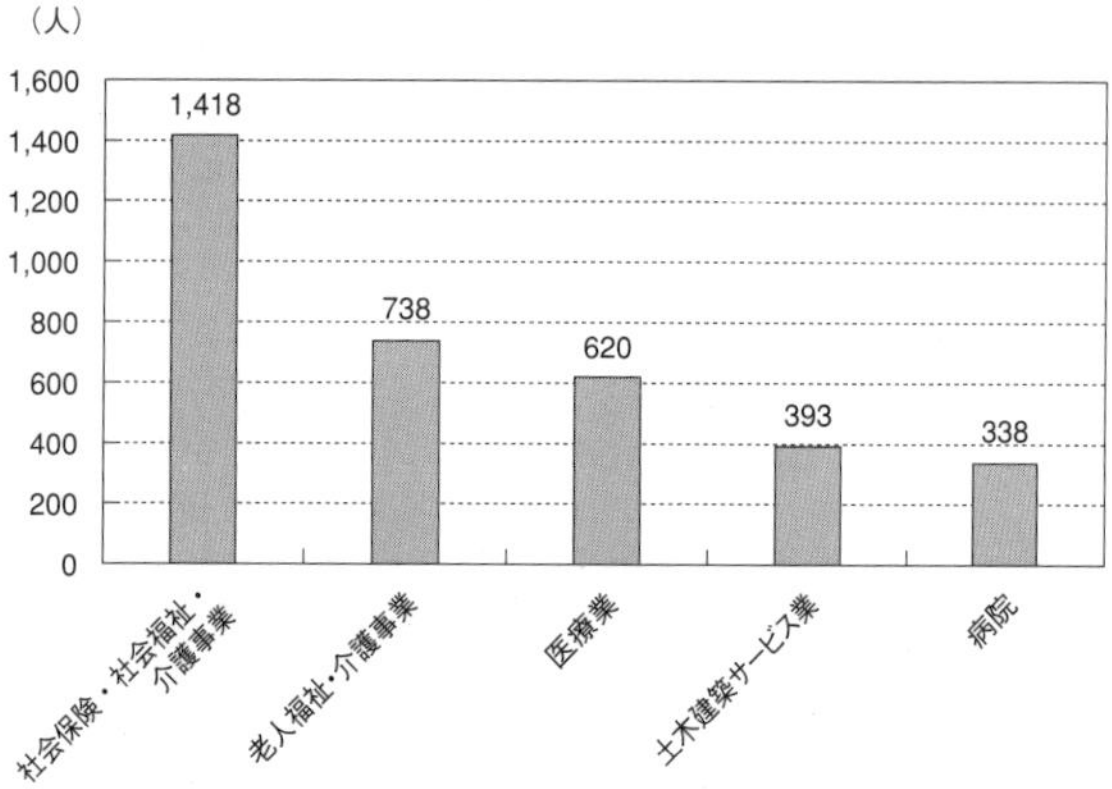

（2）下位5業種

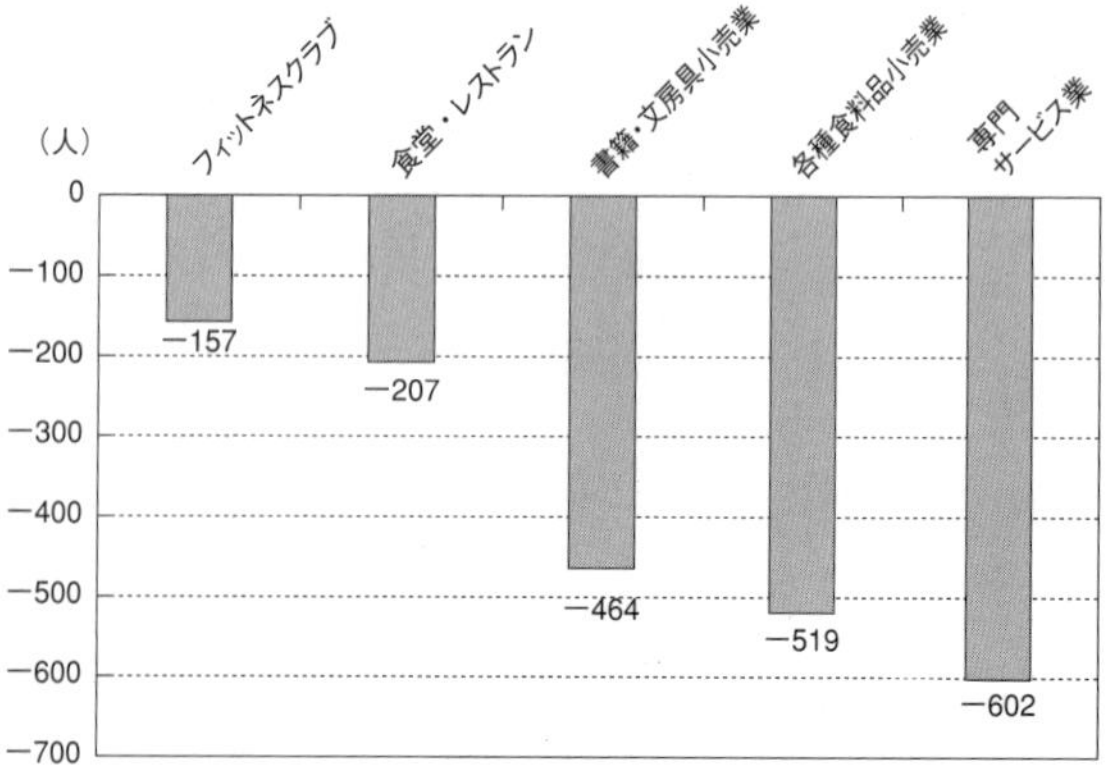

図5　川崎市麻生区従業者増加数（平成13〜18年）

です。を退いた高齢・単身者が、静かに暮らしている地域に変貌し始めている、と言えそう

小田急沿線——本厚木地区

この地区よりは厳密には少し東寄りですが、鶴川（東京都町田市）に、昭和一五年（一九四〇年）、半ば隠遁生活を決め込んだ英国通の実業家である白洲次郎は居を構えました。白洲は戦後、首相・吉田茂の知遇を得て、占領軍・連合国軍司令部との交渉を硬骨にやり遂げます。そんな彼が、憲法原案の翻訳を一週間の缶詰状態で終えてカントリー・ジェントルマンに戻り緊張を解いたのが、正子夫人とのこの住まい「武相《ぶあい》荘《そう》（武蔵と相模の国名に由来する）」だったのです。

もともとこの地域は、先の麻生区（川崎市）などとともに、丘陵地にクヌギ、コナラなどの雑木林が展開する炭焼きの適地でもありました。同時に、この地に白洲が居を構えた昭和一五年は、軍の指導・指令の下での強制的・計画的な統制経済が本格的に進んだ時期でもあります。軍の施設や軍需会社の工場なども、首都・東京への空襲を避ける観点からも一斉に疎開を開始しました。戦後のスタートは、そのひとつ厚木

飛行場（神奈川県綾瀬市）に連合国軍最高司令官マッカーサーが降り立ち、日本占領の第一歩を記したことから始まります。したがって、戦後、日本軍や占領軍の占有が解かれると、そこには広大な敷地が広がり、機械や電気などの製造業の民間企業の工場の最適地となったのです。

ところで、その製造業の工場などの展開は、最近どうなっているでしょうか。先と同様に、「事業所・企業統計調査」で、この五年間（平成一三年から一八年）の推移を見てみましょう。この地域（神奈川県厚木市）の事業所数全体では五五五減少していますが、図6のように、最大の増加は中古品小売業で、次いで、労働者派遣業、療術業、電子部品・デバイス製造業、老人福祉・介護事業です。他方、減少しているのは、最大は各種食料品小売業、次いで、バー・キャバレー・ナイトクラブ、料理品小売業、写真業、酒場・ビヤホールです。

増加している事業所の状況は、最近の就業構造の変化を反映しています。要するに、製造業の現場では、正規雇用者の割合を低下させて、代わりに、派遣労働者に依存して人手の確保・調整が行なわれているのが実態です。ところが、二〇〇八年秋以降のアメリカ発金融危機に起因する日本の輸出型製造業の不振は、この状況を一変させて

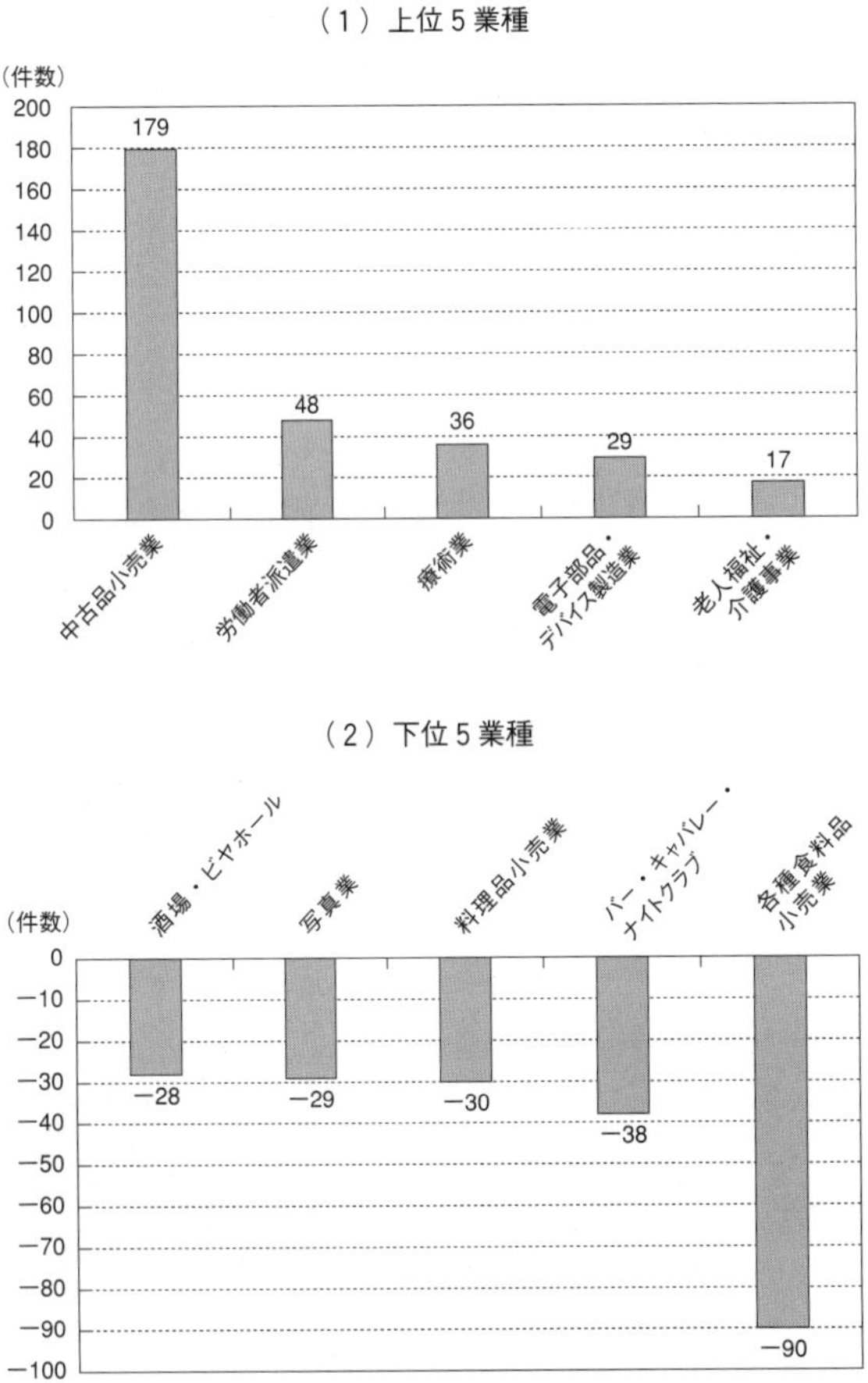

図6　厚木市事業所増加数（平成13〜18年）

いるはずです。

他方、減少している業種は、いずれも夜の飲食サービスに関連する業態です。要するに、この地域では地元での飲食の機会が大幅に減少しているのです。一方で、この周辺は、東京都心から半径四〇キロほどの環状ルートである国道一六号線沿いの風景に似ています。この界隈には、巨大なパーキング場を備えたスーパー、ショッピング・センターが続々と展開し、若いカップルや子供連れだけでなく、マイカーで乗りつける家族連れで賑わっています。要するに、ファスト食文化の浸透・定着などとともに、消費スタイルが大きく変貌しているのです。その典型がこの地域に見られます。

小田急沿線――小田原地区

小田原はもともとは戦国時代の北条氏の城下町として形成されましたが、江戸時代は、天下の険・箱根越えの手前あるいはその直後でもあり海岸沿いの宿場町としても栄えました。しかし明治・大正期の小田原は、当時の東海道線がここを通過していなかったこともあり、箱根、湯河原などの温泉地を後背地に控えた、風光明媚で温暖な避寒地・保養地と見られていた気配があります。明治の元勲・山県有朋や伊藤博文、三井財閥の大番頭・益田鈍翁などの別荘・邸宅もあり、彼ら自身もかなりの頻度で利用していたようです。

しかし、昭和二年（一九二七年）の小田急線の新宿―小田原間開通、昭和九年（一九三四年）の丹那トンネルの開通による東海道線の路線変更によって、小田原は再び大いに発展するチャンスを得ました。けれども、戦時色が濃くなっていた時代でもあり、この地に限らず、軍関係施設以外ではなかなか経済的にも繁栄を摑むことはできませんでした。他方、戦後は、今度はモータリゼーションの波が襲ってきました。特に決定的だったのが、東名高速道路が小田原・箱根のはるか北、当初の東海道線にほぼ沿う形で（御殿場を経由して）設定されたことです。これはその後の小田原の発展にとって、かなり厳しい条件となりました。その結果、小田原の地域経済は、地元完結型のビジネスというよりも、東京向けか、箱根・湯河原向けのビジネスかの選択・揺らぎの中で生きてきた、と言えるかもしれません。

最近五年間の事業所数の変化を、これまでと同様な手法で整理してみましょう（図7を参照）。事業所数は全体では一〇二二減少しています。その中で、増加しているのは、最大は老人福祉・介護事業で、次いで、療術業、障害者福祉事業、医療に附帯

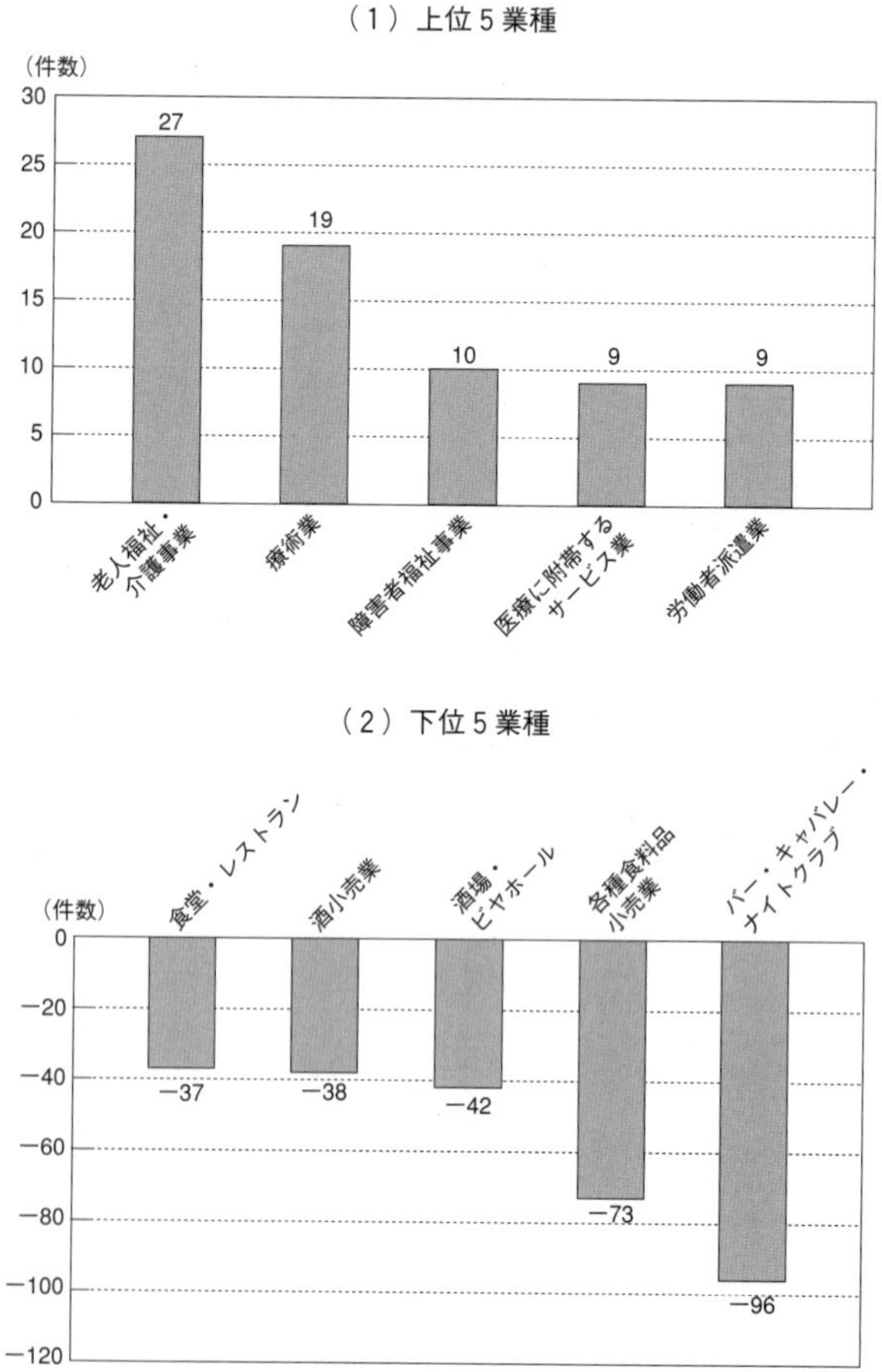

図7　小田原市事業所増加数（平成13〜18年）

するサービス業、労働者派遣業です。他方、減少している業種で最大はバー・キャバレー・ナイトクラブで、次いで、各種食料品小売業、酒場・ビヤホール、酒小売業、食堂・レストランとなります。

増加している業種については、すでに見た川崎市多摩区や麻生区の状況に近いものを感じますが、総じて言えば、福祉・医療関係施設の増加が目立っていることでしょうか。温暖な気候条件などを背景にしているのかもしれません。他方、減少している業種については、厚木市の状況と類似しているものを感じます。要するに、遊興飲食関係の業種は、日本全体の傾向はひとまず措くとして、小田原市を含めてこれらの地域では、どうも衰退産業のようです。

結びに代えて

幕末期・明治期以降の時代変遷はまことに目まぐるしいものでした。明治以降の、首都・東京、廃藩置県、市制町村制の実施。大正時代の関東大震災、東京郊外の開発・拡大、鉄道などの公共交通機関の展開。昭和一五年から二〇年の戦時体制。そして戦後です。まずは大都市部から始まった昭和三〇年代以降の工業化・経済成長は、瞬く間に全国規模に展開しました。「日本列島改造」に沸く高度経済成長の時代です。それを支えたのは、さまざまなチャネルで全国から集められた、若くて希望に満ちた労働者・サラリーマンでした。東京オリンピックや大阪万博は、この時代の煌めきでした。

東京の郊外は、こうした人々を受け入れ、幸せな家庭生活を実現させてくれました。テレビやマイカーの普及は、多くの国民に共通の憧れを掻き立て、夢を実現させる手段を提供してくれました。日本経済の成長の結果、日本円の価値も上がり、一ドル＝三六〇円の時代には想像も出来なかったような贅沢を、個人が海外で手に入れることも可能になりました。

こうした経済的成果を享受しているはずなのに、いまや時代は、少子高齢化社会を迎え、社会全体が老いています。こうした現象はこれまでは、地方圏や山間地での出来事と考えられてきましたが、いまや、かつて若々しく輝いていた東京郊外でも、急速にしかも確実に迫っています。すでに、本章のいくつかの地域事例で見たように、それに対応したビジネスの展開は始まっています。でも、まだ足りないかもしれません。悲観的にみれば、われわれは行きづまっている、ということになります。しかし見方を変えれば、いまだ未解決のビジネス・チャンスが開かれている、ということになります。現在は多分、成熟社会にふさわしい生活とビジネス、そして行政・政治のありようの組み替えを迫られているのだと思います。この可能性に賭けたいと思います。

※　本章での図の作成・データの整理にあたっては、専修大学社会知性開発研究センター・ポストドクター（平成一九・二〇年度）だった阿部史郎君にお世話になりました。記して感謝します。

参考文献・資料

樋口忠彦『郊外の風景　江戸から東京へ』教育出版、二〇〇〇年八月
松原隆一郎『失われた景観　戦後日本が築いたもの』ＰＨＰ新書、二〇〇二年
大西隆『逆都市化時代　人口減少期のまちづくり』学芸出版社、二〇〇四年六月
三浦展『ファスト風土化する日本　郊外化とその病理』洋泉社新書ｙ、二〇〇四年
東浩紀、北田暁大『東京から考える　格差・郊外・ナショナリズム』ＮＨＫブックス、日本放送

出版協会、二〇〇七年一月
源川真希『東京市政　首都の近現代史』日本経済評論社、二〇〇七年三月

2章

向ヶ丘遊園の経済学

永江雅和

「ばら園、プール、菊花展、スケート。さらに、キッズに大人気のブースカランドやヒーローショーなど三六五日楽しさいっぱいだった向ヶ丘遊園。これまでの感謝の気持ちを込めて、最後はドーンと盛り上がります……、向ヶ丘遊園は三月三一日をもって閉園いたします。長い間のご愛顧、誠にありがとうございました」。それは二〇〇二年三月、七五年間という国内有数の歴史を誇る遊園地が、その歴史に幕を閉じた瞬間でした。

ここでは小田急電鉄と沿線地域とともに発展のあゆみを刻んできた向ヶ丘遊園の歴史について、振り返ってみたいと思います。遊園地は、近代日本における大衆娯楽・余暇の代表的存在として発展してきました。その発展の陰には常に私鉄会社の影響をみることができます。実は遊園地だけでなく、プロ野球など、日本の娯楽産業の発展と鉄道会社の間には深い関係が存在していました。なぜ遊園地をはじめとする娯楽産業が鉄道会社とともに発展してきたのか、考えてみたいと思います。また一九九〇年代以降、かつて隆盛を極めた遊園地が衰退し、閉園する事例がみられるようになりました。向ヶ丘遊園もそのひとつです。その原因はなんでしょうか。少子化や東京ディズニーランドに負けた？　など原因が指摘されていますが、その通りでしょうか？こうした点についても考えてみたいと思います。

小田急の旅客誘致策と遊園地

向ヶ丘遊園の開園は一九二七年四月、小田原急行鉄道(以下、戦前も小田急と略記)の開業とほぼ同時のことでした。当時、国内電鉄会社の間では、旅客誘致策の一環として沿線に遊園地などの娯楽施設を設けることが一種のブームになっていました。鉄道会社の経営では、平日には通勤客が多くとも、休日に乗客が少なくなれば運行の効率が悪くなります。朝夕の通勤時間に乗客が込んでも、昼間に乗客が少なくなれば、また同様です。そうしたなかで、休日に乗客が少なければ休日に行くところを沿線に作ればよい、昼間に通勤客が少なければ昼間に奥様方が買い物にゆく先を作ればよい、という発想が生まれてきます。

こうしたビジネスモデルのパイオニアとなったのが箕面有馬電気軌道（現阪急電鉄）を創業した実業家、小林一三《こばやしいちぞう》でした。小林は沿線にデパートや行楽施設を設けて、鉄道の旅客を増加させる企業戦略を積極的に打ち出しました。なかでも温泉地宝

開園初期の向ヶ丘遊園を写した絵葉書

塚に建設された「宝塚新温泉」（後の宝塚ファミリーランド）、少女歌劇用大劇場、動物園や映画館のある「ルナパーク」等の成功は、その人気とともに、広く世に知られることになりました。この斬新なビジネスモデルに国内鉄道会社はそろって追従し、小田急でも、沿線に遊園地を建設することが計画されたのでした。

　特に小田急は開通当初、新宿から多摩川東岸までは比較的乗客が多かったものの、多摩川を越えた先は、終点の小田原・箱根湯本までの乗降客が少なく、多摩川以西への乗客増加が課題となっていました。小田急では多摩川以西の稲田登戸、相模大野、本厚木、大秦野、新松田の五駅を重点駅と

向ヶ丘遊園駅駅舎

して、当時洋風建築として流行していたマンサードスタイルの駅舎を建築し、沿線の開発を進めようとしましたが、おりからの不況の中で、あまり大規模な地域開発を行うことができませんでした。向ヶ丘遊園は、多摩川以西への乗客誘致の目玉の一つであったのです。

駅からのアクセス――豆汽車

向ヶ丘遊園の開園は当初、稲田登戸駅（現向ヶ丘遊園駅）に近接した、枡形山に計画されていました。しかし地権者との交渉がまとまらず、結局やや東に寄った橘樹《たちばな》郡向ヶ丘村字長尾に建設されることになります。同地は駅から一キロメートル余の距離があるため、来客のアクセスが不便ではないかと心配されました。そのため小田急では稲田登戸駅南口から遊園地正門まで、二ヶ領用水沿いの用地を買収し、路面電車を設置することになったのです。一九二七年六月に開通した路面電車は「豆汽車」の愛称で親しまれました。ガソリンエンジンで動く七両編成の列車は子供一六八人を運ぶことができたそうです。単線の線路の沿道には桜並木が植樹され、また開園当時の沿線には付近の農家の梨畑が広がり、行楽期にはメルヘンな「お伽《とぎ》列車」の風情であったと伝えられています。この豆汽車は戦時中に金属供出によって、機関車、レール共に接収されてしまうことになりますが、戦後に豆電車、そしてモノレールとして復活することになります。

戦後の復興——有料遊園地として再出発

「遊園地」とは名乗っていたものの、開園当初の向ヶ丘遊園は遊具施設などのない、自然公園のような存在であったようです。入場は基本的に無料であり、多摩丘陵の美しい緑に加えて、一万本と称するソメイヨシノやツツジ、楓等の植樹が行われ、来場者は増えたものの、今日で言うところのアミューズメント施設としての「遊園地」のイメージからは遠いものでした。それでも近郊の桜の名所としてにぎわっていた遊園に危機が訪れます。一九三七年、日中戦争の開始により、同地は陸軍用地として接収されてしまったのです。

戦後軍から返還された遊園は荒廃を極めており、また食糧難のなかで遊園敷地を付近の農家に開放して農地にすべきだという要求も出され、苦境は続きます。しかし一九四七年五月に付近の多摩丘陵一帯が緑地帯の認定を受けたことをきっかけとして、緑地型遊園地として遊園の再建に向けた整備が行われることになりました。一九五〇年には戦時中に撤去された豆汽車を復旧し（戦後は「豆電車」と呼ばれました）、さらに翌五一年には正門から園内中央の山頂まで、空中ケーブルカーが架設されました。その他、動物園、野外舞台、遊戯施設や娯楽機などを新設して、五二年四月に本格的な有料遊園地として、再出発することになったのです。開園時の盛況は大変なもので、臨時改札口のボックスが、つめかける入園客に押されて崖下に転落したというエピソードも残されているほどです。

有料化と同時に、遊具の導入も本格化してゆきます。戦前の向ヶ丘遊園には、有料の遊具はほとんど見られませんでしたが、戦後園内施設の整備増強の一環として、東

①豆電車（向ケ丘遊園
駅一遊園正門）
②正門
③駐車場
④　〃
⑤アイス・スケート場
⑥空中ケーブルカー
⑦西門
⑧大バラ苑建設地
⑨休憩所
⑩メリースクーター
⑪飛行塔
⑫ベビー列車
⑬キャタピラ
⑭廻転ボート
⑮つつじ園
⑯直営食堂、サービス
ステーション
⑰運動場
⑱プール
⑲あやめばし
⑳ボート池
㉑あやめ園
㉒松鶴庵（楽焼場）
㉓花見台
㉔キャンプ場
㉕動物園
㉖ウォーターシュート
㉗野外劇場
㉘ビックリ・ハウス
㉙スリラーカー
㉚ローラー・スケート
㉛豆自動車
㉜月見台
㉝運動場

昭和30年代の向ヶ丘遊園

洋娯楽㈱に委託して有料の娯楽機を導入しました。一九五二年の小田急電鉄「有価証券報告書」には、回転ボート、ビックリハウス、飛行塔、豆自動車、スリラーカー、モータースクーターなどの設置が記載されており、またウォーターシュートが存在していたことも確認できます。

有料遊具の設置については、近隣住民からは「静かな生活環境が破壊される」という理由で抵抗がありましたが、当時の東洋娯楽社長の山田貞一や小田急側の粘り強い交渉で遊具設置を普及させていったと記録されています。

季節変動対策

こうして有料の遊園地として好調な再出発を果たした向ヶ丘遊園地でしたが、遊具やケーブルカー等を運営するとなると費用もかさみ、従来「山番」一名であったスタッフも、二〇名以上に充実させ、遊園地としての「経営」を考える必要がでてきました。その中で特に問題とされたのが、来客の「季節変動」です。もともと花見の名所として親しまれてきた遊園では、花見の季節である四~五月に、年間のほぼ五〇％近い入場者が集中する傾向がありました（図1）。これに紅葉の季節である九~十月に

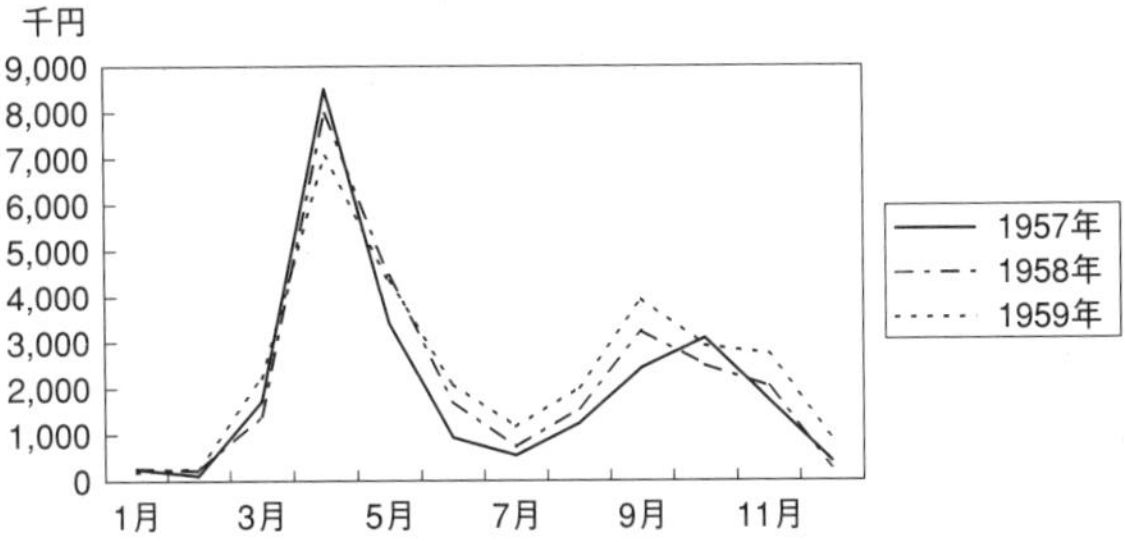

図1　営業収入季節変動①

（出典）小田急電鉄『有価証券報告書』

は一定の集客が見込めたものの、七～八月の夏季、十二～二月の冬季に極端に来客数が少ないことが問題になってきました。もともと鉄道のオフピークの旅客誘致として考案された遊園地ですが、遊園地経営自身にも夏季・冬季のオフピーク対策が必要になってきたのです。

　夏季・冬季の入園客誘致の切り札として登場したのは、一九六五年に登場したスケートリンクとマンモスプールでした。もともと遊園には、野外ステージ南側に二五メートルの公式プールと、天然スケート場が設置されていました（一九五一年）が、双方とも設備の規模が小さく、天候にも左右されやすいことから、業績はそれほどあがらなかったようです。一九六〇年代の高度経済成長期に入り、国内でスケート熱が高まりだすと、遊園内部にもっと本格的な

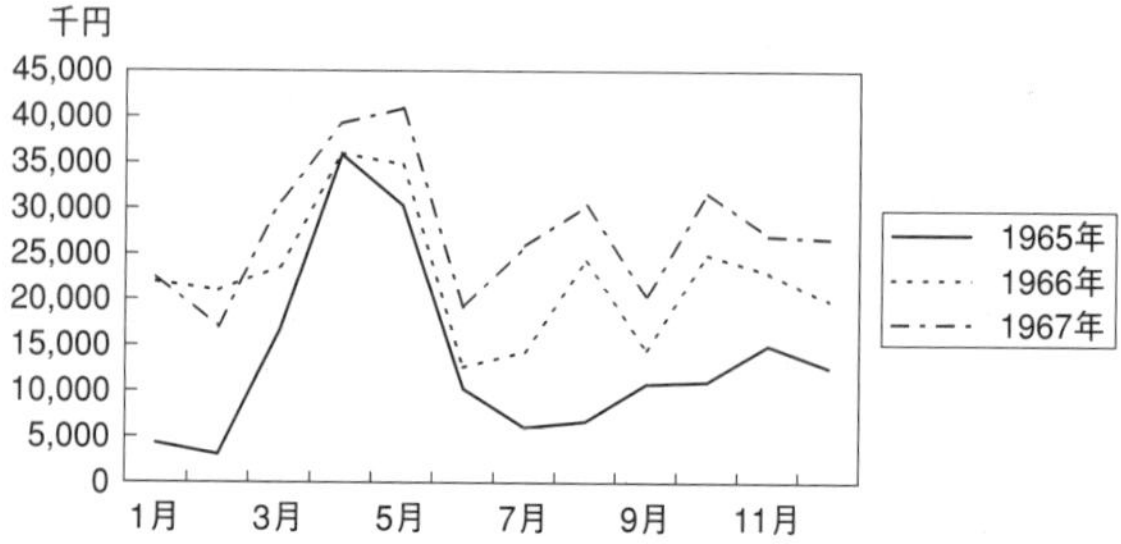

図2　営業収入季節変動②

（出典）前掲『有価証券報告書』

プールとスケートリンクを建設する構想が浮上してきたのでした。ちょうどこの時期に、小田急が晴海で営業していたスケートリンクが廃業されることになったのをきっかけとして、この機械設備を活かしたスケートリンク兼用のプールを建設することになったのです。園内大階段中腹北斜面の樹林を切り拓いて建設されたプールは幅一九メートル、長さ五〇メートルの公式プールと、その周囲の一周二五〇メートルのリングプール、周囲五〇メートルの幼児プールからなり、この公式プールが冬季はフィギュアリンクに、リングプールがスピードスケートリンクになる、当時としては国内でも最大級の施設となりました。スケートリンクは一九六五年十一月、プールは翌六六年六月に営業が開始され、いずれも来客の季節変動を大幅に緩和し、全体としての増収にもつながりました。特にプールシーズンの八月は、それまでのピークである四月に迫る、遊園の新たなピークを形成したことがわかります（図2）。

花と緑の遊園地

来場者の季節変動に頭を悩ませたとはいえ、向ヶ丘遊園の遊園地としての特色が、豊富な花と緑にあったことは疑いのないところでした。この特色を活かす方向での遊園の整備も進められてゆきます。まず一九五八年五月には、園内西部の野球場跡地を活用して大ばら園が誕生します。造園設計の権威、横山光雄の指導のもと、一万六五〇〇平方メートルの敷地中に世界中から集めた一〇〇〇種二万株のバラが植栽され、白亜のクラブハウスに池や噴水を配した造園は、全国有数のバラ園として遊園の「顔」になりました。

さらに入園客誘致策として、大型催事の決定版となったのが、一九六三年春に行われたフラワーショーです。従来のばら園、つつじ園、あやめ園などに加え、大規模な造園工事と施設の新設を行って、園内を花いっぱいに埋め尽くし、三ヶ月余りにわたって実施された花の祭典は、向ヶ丘遊園の「花と緑の遊園地」としてのブランドイメージを決定的にしたのでした。遊園正門に花時計、噴水、壁泉などをあしらい、遊園のもう一つの「顔」となった花の大階段もこのフラワーショーの時期に建設されたものです。以後このフラワーショーは毎年趣向をこらしたテーマのもとで実施され、向ヶ丘遊園の中心的イベントとして定着することになりました。

特に一九八七年に開催された「蘭・世界大博覧会」は、「蘭・第十二回世界会議」の展示会を兼ねて実施されたもので、小田急電鉄内に事務局を設け、三年の準備期間をかけて実施された、遊園の歴史上でも最大のイベントでした。会場として遊園内部の大グラウンドに設置された特設エアドームが設けられ、世界中の蘭が絢爛《けんらん》と展示されたのでした。この博覧会では三月一九日から二五日まで、わずか七日間の開催期間中に三〇万人もの入場者を記録するに至りました。

フラワーショーを中心とする大型催事の成功により、来客数が大幅に増加した向ヶ丘遊園では、移送手段の増強が必要になります。一九六六年四月には従来の豆電車に代えて、向ヶ丘遊園駅から遊園正門間にモノレールが運行されることになります。ロッキード型と呼ばれた跨座式のモノレールは定員二四〇名、区間を三分で運行し、川崎街道を高架で越えることにより、来客者の便を向上させ、また付近の交通渋滞の緩和に貢献しました。

また入口から園内中心部へのケーブルカーは一九六八年から、花の大階段を見下ろしながら上下するリフトに変わり、また八七年からは大階段脇に全天候型のエスカレーターが設置されることになりました。

経営悪化から閉園へ——本当にＴＤＬに負けたのか?

こうして戦後復興期から高度経済成長期にかけて、順調な発展を続けた向ヶ丘遊園でしたが、一九九〇年前後をピークに、入場者数、営業収入ともに減少してゆきます。結局この来客数減少に歯止めをかけることができず、さらに最寄り駅からの貴重なアクセスであったモノレールが、台車の老朽化により二〇〇〇年二月に運休（翌年に廃止）したことなども重なり、二〇〇二年三月末日をもって営業を廃止することになったのは既に述べた通りです。閉園時の負債総額は四〇億円とも言われました。

向ヶ丘遊園が廃止に追い込まれた原因は何だったのでしょうか。全国各地の遊園地の衰退が語られる時に、必ず引き合いに出されるのが一九八三年に開園した東京ディズニーランド（ＴＤＬ）の影響です。千葉県浦安市舞浜に誕生したＴＤＬは、初年度

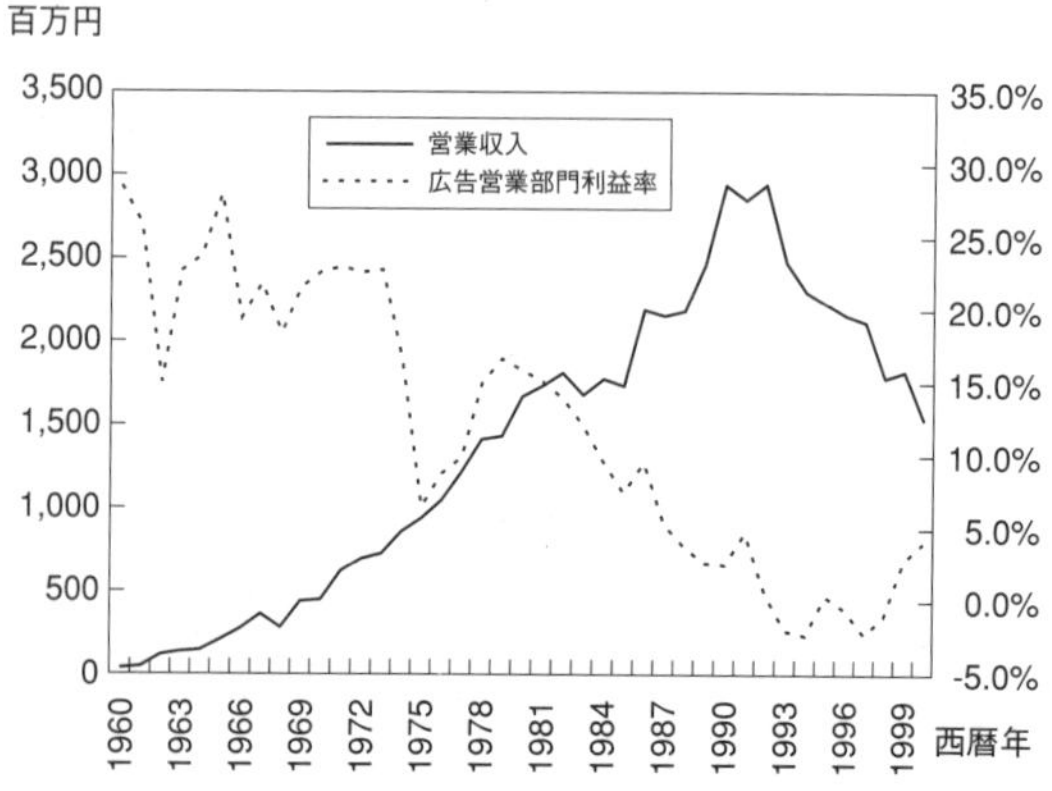

図3　向ヶ丘遊園営業収入と利益率

（出典）前掲『有価証券報告書』。第55期以降、「事業施設営業収入」の(2)が「広告営業収入」から「園芸営業収入」に変更。

から入場者数九九三万人を記録し、その後順調に入場者を増加させ、二〇〇一年には東京ディズニー・シー（TDS）が開園。二〇〇三年度にはTDL、TDS合わせて約二五〇〇万人を記録しています。向ヶ丘遊園の最盛期の入場者数が一九八七年の約一一六万人といわれていますから、まさしくケタちがいのマンモス遊園地の誕生でした。

しかしTDLの開業が即座に周辺遊園地の収入を減少させたわけではないようです。図3でもわかるように、向ヶ丘遊園の営業収入は、TDL開業の一九八三年前後にはそれほど減少していません。営業収入が急落しはじめるのは、一九九三年以降のことであり、これはTDLというよりも、バブル崩壊による長期不況の影響の方が大きそうです。ただし、利益率を見ると、評価が変わってきます。

向ヶ丘遊園を中心とする小田急事業施設部門の利益率は、一九六〇年代においては二〇%前後の高水準を維持していましたが、オイルショック後の七〇年代後半に急落します。その後一時は立て直しを見せたものの、八〇年代に入ると再び低下傾向にありました。つまり、八〇年代の向ヶ丘遊園は、入場者数を増加させながらも、利益率は減少の一途にあったことになります。では、遊園の利益率を低下させた原因は、なんだったのでしょうか?　しばしば指摘されることですが、TDLが周囲の遊園地にもたらしたのはアトラクションとサービスの質の競争でした。魅力的なアトラクションが次々に投入され、錬度の高いスタッフが充実したサービスを提供するTDLが業界のトップランナーに立ったことで、同業他社もサービスの向上競争に巻き込まれてゆきます。アトラクション施設の更新も活発になってゆきますが、資金力に劣る遊園地の投資費用が、入場収入の増加を上回って増加する事態が発生したと考えられます。八〇年代の遊園は様々な企業努力により、収入を増加させましたが、そのための営業

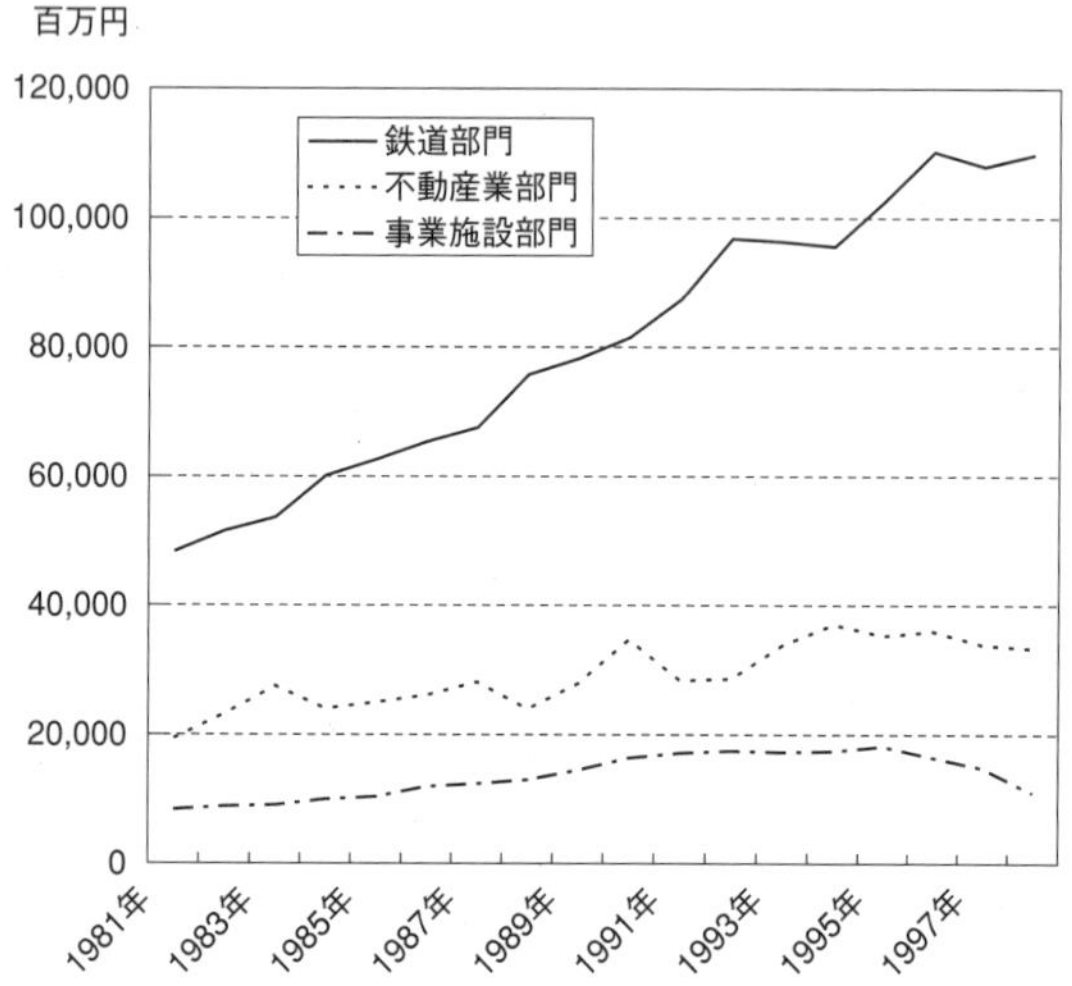

図4　小田急電鉄部門別営業収入

（出典）前掲『有価証券報告書』

費用の増加負担が徐々に経営を圧迫しつつあったといえるのです。

また小田急電鉄内部における、遊園の立場も、難しいものになっていました。図4からもわかるように、小田急内部において、本業の鉄道部門が一貫して好調であったのに対し、付帯事業である不動産業と事業施設部門の成長は、それに及びませんでした。また本業の電鉄部門では複々線化事業などのために、多額の設備投資が必要とされていたことも、事業施設への追加投資をためらわせる要因となったものと考えられます。かつては旅客の少なかった多摩川西部地区も、首都圏の拡大により、終点の小田原までが東京方面への通勤圏に含まれることとなり、むしろ混雑の緩和が主要な問題となってきていました。電鉄への旅客誘致策としての遊園地の役割は、小さなものになってきていました。

緑に還る遊園——跡地利用について

バブル崩壊後、全国で多くの遊園地やテーマパークが閉鎖されてゆくなか、その広大な跡地が乱開発に供されることを防ぐため、自治体や市民が環境保存運動を展開する事例が多くなってきています。たとえば二〇〇二年に閉園した横浜ドリームランド跡地は、中古車オークション会場となる予定が、地元住民の猛反対に遭い、結局横浜市が買収して市民公園となることが決定しました。また福岡県北九州市において、一九九四年に閉園された到津《いとうづ》遊園跡地も、経営元の西日本鉄道から北九州市が経営を引き継ぎ、市民のサポートを得ながら「到津の森公園」として再開・運営をしている事例として注目を集めています。

向ヶ丘遊園でも、閉園の報が流れると同時に、その存続ないし緑地の保存を求める

生田緑地ばら苑

市民運動が展開することになりました。「向ヶ丘遊園の緑を守り、市民いこいの場を求める会（代表　中島光雄　以下向ヶ丘遊園の会）」は、閉園前の二〇〇二年二月二四日の正式結成時点で、はやくも六、五七五名分の遊園保存を求める署名を集め、川崎市議会に対して①ばら苑と緑地の保全、②遊園用地全域の緑地指定とその間の開発許可の停止、③再開発整備に市民の声を反映させることの三項目を提出しました。その後署名も五万件を越える数が集まり、その追い風を受ける形で川崎市も、小田急電鉄との交渉をすすめ、特に保存の要望の強かったばら苑については、市が管理を引き継ぐ形で「生田緑地ばら苑」として存続することになりました。現在は市民ボランティアの協力を得て、年二回（主に六月と十月）に一般公開が行われています。その他の跡地についても、二〇〇四年十一月二四日付で川崎市と小田急電鉄との間で「向ヶ丘遊園跡地に関する基本合意書」が交わされ、相互に緑の保全を前提とする跡地活用を行うことで合意がなされました。用地約二九ヘクタールのうち約二一ヘクタールを緑地編入ゾーン、ガーデンゾーン、樹林地ゾーンとして緑を保全するエリアとし、従来遊具等が設置されていた残り七ヘクタールを事業ゾーンとして再開発することになったのです。

こうしてビジネスとしての「向ヶ丘遊園」の歴史は幕を閉じました。しかし遊園地が遺した緑地と景観が、今後どのように活用されてゆくのかは、小田急電鉄、川崎市、そして地域住民の今後の努力に委ねられているのです。

参考文献・資料

小田急電鉄株式会社『有価証券報告書』各年度版
小田急電鉄株式会社『小田急二十五年史』一九五二年
小田急電鉄株式会社『小田急五十年史』一九八〇年

小田急電鉄株式会社『小田急75年史』二〇〇三年
遊和会『向ヶ丘遊園小史』一九八八年
日本観光雑学研究倶楽部『セピア色の遊園地』創成社、二〇〇五年
向ヶ丘遊園の緑を守り、市民いこいの場を求める会『わたしの向ヶ丘遊園』二〇〇三年
向ヶ丘遊園の緑を守り、市民いこいの場を求める会『向ヶ丘遊園地によせるあなたの夢・わたしの夢』二〇〇三年
粟田房穂・高成田享『ディズニーランドの経済学』朝日新聞社、一九八八年
津金澤聰廣『宝塚戦略　小林一三の生活文化論』講談社、一九九一年
橋爪紳也『日本の遊園地』講談社、二〇〇〇年

3章

社会的協同事業としてのインターンシップへ

内山哲朗

インターンシップの広がり

いま、若者層における「学校から社会への移行」の難しさを反映して、全国の多くの大学において、卒業生たちが社会での「働く場」を無事に探り当てられるようにとさまざまな取り組みが進められております。いま広がりをみせている、企業等の場で学生たちに就業体験をさせるインターンシップもその一環だといっていいでしょう。当然のことながら、必ずしも「基幹的な業務」体験ばかりではないとはいえ、「補助的な業務の一部」や「社員に同席・同行」を中心とする就業体験の有する積極的な意義は、社会のなかでも大学のなかでも着実に浸透しつつあるように思われます（図を参照）。

とはいえ、インターンシップの社会的な認知が進みつつある今だからこそ、「何のためのインターンシップなのか」という本質の再確認が大学にとっても社会にとっても不可欠なのではないでしょうか。というのは、教育課程としてのインターンシップの蓄積は現段階では必ずしも十分なものとはいえず、インターンシップ実施のためのノウハウも未だ確立されているわけではないからです。それゆえにまた、油断をして

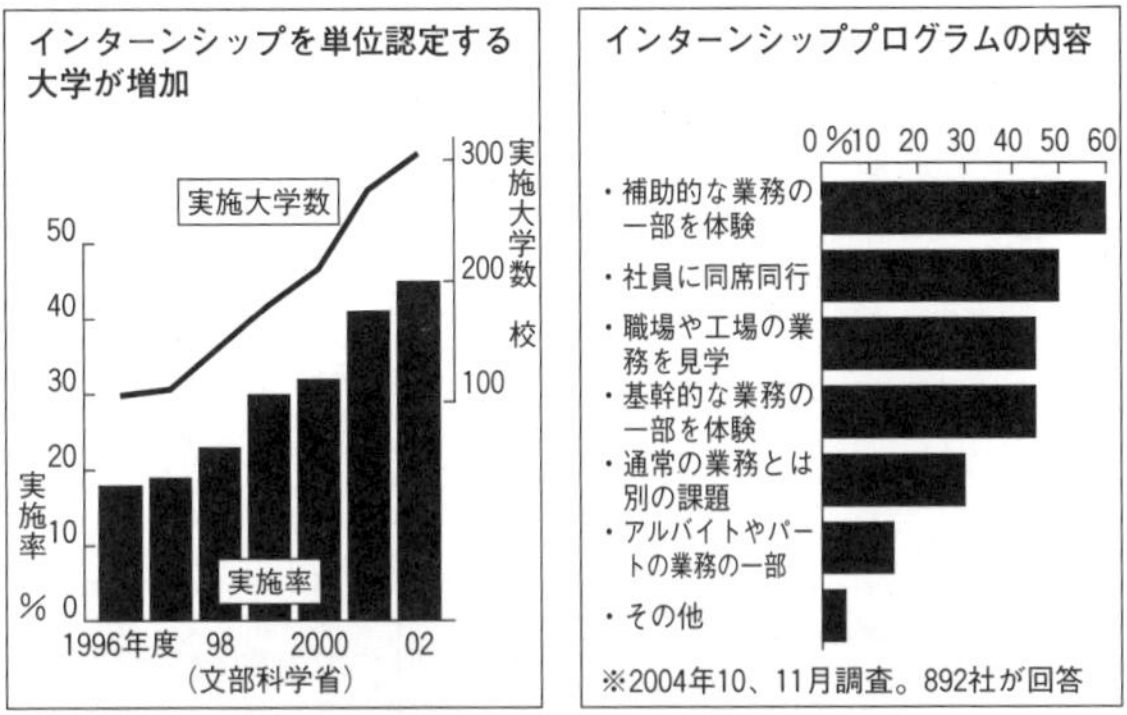

図　インターンシップの広がり

（出所）『日本経済新聞』2005年11月14日（夕刊）

いれば、〈学生の就職準備を少しでも早く整えさせて就職パフォーマンスを高めたい大学〉と〈優秀な学生を少しでも早く囲い込みたい企業〉との相互利害関係のかたちをとって、意識すると否とにかかわらず、実利的な構図へと流れてしまう危険性が皆無ではないからです。インターンシップを看板としながら「アルバイト代わりに研修学生を使う」（しばしば、「アルバイターン」と呼ばれます）などといった悪例は、実利に流れることで大学や学生たちが虚を突かれる典型的な事例であるといわなければなりません。

専修大学経済学部「学外特別研修〈インターンシップ〉」の経験

専修大学経済学部でも二〇〇一（平成一三）年度以降、一般企業、地方公共団体、シンクタンク、ベンチャー企業、NPO・NGO、ワーカーズコープ（働く場を求める人々が働く場を自ら創出する協同組合）等々各方面からのご協力をいただきながら、単位認定をともなう「専門科目としてのインターンシップ」を導入し、試行錯誤を重ねながら進めてまいりました。一年間のプログラムは、①事前研修（学外講師を招いての仕事論講座や簡便なマナー講座）、②一、二週間〜一ヶ月の実地研修、③プレゼン発表会へ向けてのスライドづくり、プレゼン発表会での発表、個人レポートの作成・提出、学生レポートの冊子刊行（『私たちのインターンシップ』各年版）、というおおよそ三つのブロックで構成されています。

学外特別研修（インターンシップ）を実施するにあたって私たちが最も期待したのは、第一に、〈仕事の社会的責任主体〉として振舞うことのたいへんさを、わずかな期間とはいえ、アルバイトとはまったく違った職業実務体験を通じて学生たちに実感して欲しい、第二に、その貴重な経験を日常の〈学業〉生活を見つめ直すことにぜひとも結びつけて欲しい、という二つの点でした。

どのような職業の現場であれ、それぞれの仕事と真剣に、そして愚直に向き合うことなしに「仕事を通じて得られる、生きる充実感」など生まれようはずがありません。「仕事と真っ当に向き合う」ことこそが、個々人が社会的に責任を果たすための欠くことのできない条件だといって間違いないでしょう。学生たちは、どのような研修先へ行くかの違いは別にして、社会的な責任主体としての「仕事人」たちの息吹きを必ず感じ取って帰ってきてくれます。

学生たちの表情が変わる

私たちのこの七年間の試行錯誤を振り返ってみますと、少なくとも、社会・経済の現場を実地に体験することで学生たちは仕事への意識の持ちようを確実に変えるようになると、自信をもって言うことができます。毎年四月の開講時における学生たちの表情と一二月のプレゼン発表会を終えたあとの学生たちのそれとを比較してみれば、その差は歴然たるものがあります。学生たちの職業観・仕事観は、明らかに生き生きとしたものに変化しているのです。ここで、学生たちのレポートのなかから、その一部を紹介しておきましょう。

「働く意義」を発見、ポジティブに仕事を（経済学部三年、ＯＭさん）

アルバイトとは違った形で「社会に触れてみたい」という希望を抱いて、インターンシップを履修しました。私の研修先は、環境にかかわる仕事をしているワーカーズコープエコテックという企業です。エコテックでの研修は時に辛くもありましたが、通常の授業とは一味違った、たくさんの経験ができたと思います。

その中で最も考えさせられたのは、「働くこと」についてです。私はこれまで、「なぜ働かなければならないのか」という疑問に対する答えを探しあぐねていたのです。答えが出なかったのは、仕事とは「大変なもの、自分の時間がなくなるもの」と、ネガティブにしか仕事を捉えていなかったからだと思います。しかし、自分の仕事に誇りをもって仕事をしている方々と実際に触れ合うことによって、仕事へのやりがいや目標があれば、ネガティブな部分をいくらでもポジティブに変えていくことができる、このことにインターンシップを通じて気づかされたのです。とても大きな発見でした。

この貴重な発見は、これからの人生に大きな影響を与えてくれるものと確信しています。ネガティブな部分をポジティブに変えていくことができるような仕事――私も将来、そんな仕事に従事したいと思っています(1)。

〈学業の社会的責任主体〉へ

そして、学生たちにとっても、次なる課題がしだいに明確になっていきます。まずは、インターンシップの経験・実感を決して忘れないことです。次に、「あなたは、大学生活で何を学びましたか」との質問に自信をもって答えることができるよう〈学業の社会的責任主体〉と呼ぶに値するような、「学びを通じて得られる、生きる充実感」を伴った学生生活を送ること、すなわち、「社会や経済の動向に目を配りながら、〈学業〉と真っ当に向き合う」ことです。言い換えれば、インターンシップ経験を将来の職業生活につなげるためには、現在の〈学業〉生活の見直しこそが実は今すぐにでも必要であること――それに気づきはじめる学生たちが徐々に生まれてくるのです。〈学業〉と真っ当に向き合わずにそれが空洞化しているような学生生活では、将来の職業生活における〈仕事の社会的責任主体〉への成長はとうてい困難であるとの自覚が徐々に生まれてきます。インターンシップを通じて、卒業単位を揃えるためだけの「付け焼刃の試験勉強」だけでは、社会に出て何の役にも立たないということに学生たちも気づいてくれたのではないでしょうか(2)。

あらためてもう一度強調したいのは、インターンシップの授業を通じて、学生一人ひとりが、学生生活における自分自身を真摯に振り返って欲しいという点です。過去(インターンシップ経験)を未来(職業生活)につなぐことができるような現在〈学業〉生活)を磨くことこそ、いま学生たちに最も求められるという点です。そんな発想をもてる学生が数多く育つ、それが、インターンシップという新しい経験がもっている大きな可能性だと私たちは考えています。インターンシップへの取り組みはまた、専修大学が掲げる「21世紀ビジョン：社会知性の開発」の具体化にほかならないとも思います。卒業までの学生生活が、「社会や経済の動向に目を配りながら、〈学業〉と真っ当に向き合う」という意味で、文字通り「社会知性の開発」にふさわしい時間として意味をもつようにと、心より期待したいものです。

研修先との協同関係

ところで、私たち経済学部における「専門科目としてのインターンシップ」では、その内実を少しでもあげていこうと、研修先の方々にも、単に研修の場を提供していただくだけではなく、事前研修・実地研修・成績評価（評点および所見）・学生たちのプレゼン発表会参観等、教育課程としてのインターンシップへの積極的な関与・参加等々をお願いしております。幸いにも、研修機会を設けていただいた研修先の皆さんからも積極的なご参加をいただき、たとえば、発表会の席では貴重な感想や提言をたくさんいただいております。その意味では、上述した学生たちの変化は、学生たちや教員とともに、機会をとらえてインターンシップに一年間かかわっていただいた企業や団体によるご協力の賜物にほかならないと私たち担当者一同は考えているところです。

こうしてみると、学生たちの顕著な変化は、インターンシップとは、決して実利関係だけであってはならず、大学と地域や社会とが協同関係に基づいて若者たちを育てあげていくための社会的協同事業である、という本質をよく表現しているといえるのではないでしょうか。実際の研修業務を一覧するだけでも（表を参照）、学生たちを「期間限定社会人」として受け入れていただき、実に多種多様な研修プログラムの設定にご協力いただいている様子がよく窺えます。まさに、〈学業〉と〈仕事〉とのインターフェイスとしてインターンシップがありうることを私たちも学ばせていただいたように思います。〈インターンシップとは、社会と大学との社会的協同事業である〉という、この本質を忘れずに、教育課程としてのインターンシップシステムの実践的な精錬にまずは努力すること、それがインターンシップにかかわる大学にとってのささやかなる矜持だと考えたいと思っています。[3]

表　インターンシップの概要（専修大学経済学部の事例）

研修先・研修年度(注1)		研修業務概要(注2)
1	㈱食品会社 04・05・06	＊蒲鉾・竹輪等の製造体験および製造補助／製品包装・梱包作業の補助／製品販売業務の補助／併設ホールでの接客他運営業務の補助／博物館でのキャンペーン業務補助（A） ＊原料仕入れ先市場への同行（B） ＊関連施設(工場・博物館等)の見学(C) ＊研修先で与えられたテーマでのプレゼンテーション（D）
2	㈱ハーブ・アロマテラピー製品開発販売会社 04・05・06	＊ハーブ栽培ガーデンでの作業補助／店舗業務（商品説明、棚卸し等々）全般・販売・接客の補助（A） ＊地方工場への出張同行／営業商談への同行（B） ＊店舗・関連施設の見学（C） ＊研修先で自ら設定したテーマでのプレゼンテーション（D）
3	㈱チケット販売会社 03	＊チケット会社の「カード」事業の事前研修／コールセンター・会員センターでのテキスト使用による研修／会報誌のアンケート集計・分析／イベントの企画・運営補助（A） ＊会報誌の取材への同行（B）
4	㈱デジタルコンテンツ開発販売会社 04	＊コンテンツ配信のための原稿推敲作業の補助／コンテンツ情報の正誤確認作業／サイトアクセス集計／契約先ホームページの更新作業（A） ＊他社での編集会議への同席・見学(B)

5	㈱旅行会社 03・04・05・06	＊提携先銀行のカード付帯サービスの企画・運営、提携先銀行の会員制優遇サービス・会報誌の制作・発行等々業務全般の事前研修／本体および関連会社でのレクチャー研修（A） ＊「最近の海外旅行動向」「Webトラベル市場の概要」「旅行業界の現状と将来」等々のレクチャーに関するレポートメールの提出（D）
6	貸し別荘管理会社 03	＊チェックアウト、清掃、チェックイン、接客、電話応対、旅行代理店との連携等、観光施設業務全般についての研修（A）
7	㈱書籍・ゲーム等企画・販売会社 05・06	＊メール・名刺整理、会議議事録の作成、資料作成、経営企画アシスタント業務／商品企画書の作成（A） ＊他社との会議への同席（B）
8	㈱仏具販売会社 02	＊業務全般についての事前研修／「凡事徹底」として清掃研修、仏壇・神仏具の清掃、仏具配達等店舗業務（A） ＊お悔やみ訪問への同行（B）
9	㈱ハウスクリーニング会社 06	＊ハウスクリーニングとサービスマナー等の業務マニュアルの講義／清掃業務の体験／事務所での作業（資料作成、パンフレット等郵便物の作成、電話応対等々） ＊顧客宅（現場）への同行（B）
10	㈱人材サービス・セキュリティ開発会社 03・05・06	＊営業資料収集・企画書づくり、総務、伝票整理・電話応対（A） ＊社内会議・商談への同席（B） ＊業務改善をテーマとするレポート作成（D）

11	㈱国際交流支援サービス会社 06	＊事務作業（名刺データ入力、電話応対等）／国際交流新聞（フリーペーパー）掲載の座談会記事編集補助（A） ＊国際交流新聞のための取材・インタビュー同行（B） ＊外国人留学生用のゲストハウス見学（C）
12	㈱健康・教育・環境等システム開発会社 03	＊健康増進事業の一環としての子ども・高齢者向け「育脳」プログラムへの参加（A） ＊会議への同席（B）
13	㈱新聞社 03	＊他大学学生・院生との合同インターンシップ（A） ＊官公庁内記者クラブ同行訪問（B） ＊社内各部局、工場での新聞製作工程、販売局の見学（C）
14	㈱新聞社関連厚生サービス事業会社 01・02	＊人事・厚生関連の書類作成、データ入力業務／書類発送業務等（A） ＊裁判傍聴への同行（B） ＊給与制度・福利厚生・社会保険等のレクチャー研修／研修先で与えられたテーマでのプレゼンテーション（D）
15	㈱総合物流会社 06	＊輸入手配業務の現場体験／輸出申告書の作成（A） ＊輸入申告の貨物の立会い検査への同行（B） ＊本社・周辺施設の見学、税関支署等の見学（C） ＊研修経験のプレゼンテーション（D）

16	㈱運輸会社 03・04	＊配送業務への同行補助／配送後の家具等組立て作業の補助／集荷センターでの伝票処理、配送に伴う廃棄物の分別処理／引越し作業の補助（A） ＊物流業界の動向に関するレクチャー研修（D）
17	㈱生命保険会社 03・04・05・06	＊社内人材開発のための資格試験書類の作成補助／人事総務関連のデータ入力業務補助／保険加入案内通知書等発送業務／入金・確認伝票等決済事務（A）
18	㈱銀行（ネット専業） 03・04・05・06	＊ネット銀行業務のレクチャー研修／メールマガジン作成の補助等／企画レポート研修（A） ＊社内会議・商談への同席／他部署への社員との同行（B） ＊研修先で与えられたテーマでのプレゼンテーション（D）
19	㈱銀行（ATM 事業中心） 04・05・06	＊ATM 利用者アンケート集計・整理／グループインタビューの進行（A） ＊社内会議・取引先との会議への同席／関連会社・店舗への社員との同行／既存他行への同行訪問（B） ＊事務・システム・コールセンター等の見学（C） ＊研修先で与えられたテーマでのプレゼンテーション（D）
20	㈱百貨店 03・04・05・06	＊事前研修（接客挨拶、商品包装研修）／各売り場での商品説明・販売・接客業務／検品業務／催事会場業務（A） ＊商品の梱包・搬送等パート・アルバイト業務の一部（E）

21	㈱プロダクション①（編集） 01・02・03・04・05・06	＊雑誌・書籍・各種ホームページ・ネットコンテンツの企画編集、取材、写真撮影、記事執筆、記事検索、録音テープおこし、電話応対等々編集プロダクションの全般業務補助（A） ＊インタビュー、取材現場への同行（B） ＊添削を繰り返しながらの記事執筆研修（D）
22	㈱プロダクション②（音楽） 05	＊音楽プロデュース、CD・DVD・ビデオ製作販売、アーティストマネジメント等々総合エンタテインメントの業務の補助／ライブマネジメント補助／映画試写会での受付業務（A） ＊広告代理店での営業活動への同行（B）
23	㈲イベント企画会社① 04	＊イベントの準備作業および受付・接客業務、会場運営等（A） ＊遠隔地イベント準備・開催のための出張動向（B） ＊会場設営、待機、後片付け等アルバイト業務の一部（E）
24	㈲イベント企画会社② 05・06	＊イベント用レンタル用品リスト・看板作成補助、イベント用備品の収集・確認・積荷・片付け等の作業／イベント会場の設営／イベント現場運営の業務体験（A） ＊遠隔地開催イベントへの同行（B）
25	㈱フットボールクラブ① 03	＊サッカースクール・練習見学会の受付／市役所・商店街との交流業務／地域のお祭り等数箇所で開催の地域イベントへの職員としての参加（A） ＊地域交流のための職員業務への同行（B） ＊スタジアム・関連事務所の見学（C）

26	㈱フットボールクラブ② 03・04	＊ユニフォームスポンサーのインターネット・雑誌・新聞での露出度調査（資料収集、データ入力等）／試合会場での試合運営（準備、片付け）・パンフレット等の配布業務（A） ＊打合せ会議への同席（B） ＊クラブハウス・スタジアム内（託児ルーム等）の見学（C）
27	㈲ITコンテンツ開発会社 02	＊サイトリンクの作成業務／メールマガジンの作成／コンテンツ開発の体験業務（A） ＊会議への同席（B） ＊起業体験のレクチャー研修（D）
28	㈱スポーツ情報企業① 01	＊総務（タイムシートの集計・管理）・編集（スポーツ関連学会情報の整理）・営業（営業企画書の作成、会議資料の作成）部門での業務／電話応対（A） ＊ニュースリリース収集のための通信社への同行（B）
29	㈱スポーツ情報企業② 02	＊郵便物の準備・郵送／メールマガジンの編集作業／自社提供の写真記事の収集／インターネットでのアンケート集計（A） ＊社内会議への同席／スポーツ新番組発表会場への同行（B）
30	㈱スポーツ情報企業③ 05	＊Ｊリーグ公認データ等公認サイトの運営補助／公認サイト内のファンサイトへの情報提供、アクセス数集計等の作業（A） ＊Ｊ２公式戦取材のためスタジアムへの同行／監督・選手の会見・インタビューへの同行（B）

31	㈱シンクタンク①（経営コンサルティング）01・02・03・04・05・06	＊（マネジメントコンサルティングやパブリックコンサルティング等、コンサルティングのための調査・データ分析等基本業務を体験する）たとえば、都市オフィスデータの入力・整理、都市合併関連住民アンケートの集計、高齢者人口調査および介護付帯マンション需給調査の補助等々（A） ＊社外での情報・資料収集への同行（B）
32	㈱シンクタンク②（銀行系）02・03・04・05	＊政策立案企画書作成のための資料収集および分析・整理／調査結果の分析手法の体験／シンクタンク発行の書籍・情報等の整理と梱包・発送（A） ＊社内会議への同席／発注元への企画書提出への同行（B）
33	㈱シンクタンク③（銀行系）01・02・03・04・05・06	＊クライアントを想定して自主的に設定したテーマに基づく調査レポートの作成――研究員業務の擬似体験（A） ＊調査依頼元との会議への同席（B） ＊調査レポートのプレゼンテーション（D）
34	㈳シンクタンク④（地域経済関連）01・02・03・04・05・06	＊ミクロ・マクロの産業分析のための資料収集・データ分析の補助／他企業や公共機関とのコンタクトによる情報収集（A） ＊外部関係者を含む会議への同席／講演会への同行（B）
35	㈳シンクタンク⑤（自治体問題関連）02・03・04・05・06	＊研究資料の収集・整理・分析の業務補助（A） ＊事務局会議への同席／関係機関への訪問同行／関連シンクタンクでの研究会への同席／機関誌の取材同行／自治体財政分析講座への出席（B）

36	シンクタンク⑥（レジャーサービス関連） 01・02・03・05・06	＊会報誌のための資料収集・整理／パンフレット・インターネットを活用した旅行情報比較の実習（A） ＊観光・余暇・旅行等の産業動向に関するレクチャー研修／研修先で与えられたテーマでのプレゼンテーション（D）
37	市役所① 01・02・03・04・05・06	＊市役所機構における研修配属部署によって研修内容は多様である（事務系部署、現業系部署等）。「総務局職員研修所」「公害研究所」「区役所区政推進課」「総合企画局政策部企画調整課、臨海部整備推進室」「財政局財政部資金課」「環境局」「教育委員会教育文化会館、市民館、青少年の家」「動物愛護センター」「経済局中央卸売市場」「消防局消防署」「議会事務局庶務課」「まちづくり局景観・まちづくり支援課」等々での研修（公務員としての目）を通じて地域とのかかわりを体験する（A）（B）（C）
38	市役所② 01・02・05・06	＊「総務部情報課」での広報紙の取材・記事作成補助／広報紙の発送業務／「市民部産業生活課」での市民農園、委託農家の見学等／「都市建設部」での保育園周辺の樹木伐採、駅周辺の清掃や不法看板撤去等／「環境部清掃課」での粗大ごみ回収補助／「市民まつり企画実行委員会」を構成する役員会・実行委員会・企画委員会・広報委員会を通じての研修／「企画財政部企画経営室」での市内視察、他部署の見学、会議への同席、議会傍聴等（A）（B）（C）

39	市役所③ 02・03・04・05	＊他大学学生との合同インターンシップ／「企画部企画政策課」でのPFI手法の体験実習、コンサルタントとの打合せ会議への同席／農業振興現場での体験実習／「公聴広報課」でのビデオロケへの同行、広報紙の体験取材、原稿の作成補助・レイアウト補助／「管理部教育総務課」での教育施設視察、ワーキング会議への同席、月例事務の補助／「経済部商業観光課」での七夕祭りの準備・運営・片付け、キャンプ場視察等／「環境保全部みどり対策課」での関連現場視察等（A）（B）（C）
40	市役所④ 06	＊総合政策部総合政策課での広域圏ＪＲ運行調査／市が予定する環境ブランド広告塔設置のための基礎調査／各調査に基づく起案体験（A） ＊起案例の決裁に基づくインターンシップ生指導（D）
41	公立図書館 03・04・05・06	＊一般室での利用者を受け付けるカウンター業務／配架／雑誌・新聞の管理／レファレンス業務実習／借り出し予約・協力貸し出し業務／視聴覚室業務／延滞者・予約者への電話案内／児童室での読み聞かせ体験等（A）
42	税理士法人 06	＊他大学学生との合同インターンシップ／会計ソフトへのデータ入力／総勘定元帳の作成／顧客資料のファイル化／顧客への説明資料作成（A） ＊顧客に対する説明業務への同行（B）

43	(協同組合)環境事業 01・02・03・04・05・06	＊太陽光パネル設置・配管工事の現場体験／自然エネルギー講習会（ソーラー発電等自然エネルギーの普及）運営業務／風況機器撤去作業体験／事務所でのデータ整理／電話応対（A） ＊太陽光パネル設置施設等への同行見学（B）
44	(協同組合)医療機関 02	＊診療所併設デイケアにて高齢者の介護・介助補助／訪問介護現場への同行（A） ＊業務報告ミーティングへの同席（B）
45	(協同組合）仕事おこし・福祉関連事業 03・04	＊高齢者の仕事おこし現場（緑化・清掃事業）での作業補助／ミニデイ施設でのデイサービス研修（A） ＊事業所会議への同席／事業見積もり講習・仕事おこし、ヘルパー講座への同席／センター事業団全国会議への同席（B） ＊関連施設・現場の見学（C） ＊研修先で与えられたテーマでのレポート提出（D）
46	(NGO）国際協力事業 03・05・06	＊ホームページ掲載用のUNDP（国連開発計画）データの入力作業／月刊機関誌掲載の英文資料の翻訳作業／ボランティアとの協働体験／機関誌・シンポ案内状等の郵送作業（A） ＊UNCTAD・JETRO共催報告会への同席（B） ＊グローバリゼーションと途上国の現状報告ビデオ講習（D）

47	㈶途上国支援事業 01・02・03・04・05・06	＊開発教育教材用収納箱の作成／ホームページ更新作業の補助／フォスターチャイルドからの手紙の翻訳／フォスターペアレントからの手紙やギフトの現地向け発送準備作業（A） ＊フォスターペアレントとチャイルドの手紙による交流活動に関するビデオ講習／インターンシップ体験発表会（D）
48	㈶産業振興事業 06	＊事務作業／ホームページの更新／地域情報誌／財団主催ロボット競技大会の設営準備と大会運営への従事（A） ＊会議への同席、企業との打合せ訪問への同行（B） ＊ベンチャー企業育成施設の見学（C）

（注1） 2001（平成13）年度以降2006（平成18）年度までに、研修先としてご協力いただいた企業・団体。

（注2） 研修業務概要欄の各項目末尾にあるアルファベット表示は、以下の業務区分を示すものである。（A）「基幹業務・補助業務の一部」、（B）「会議等への同席、社員の仕事に同行」、（C）「職場・工場等の見学」、（D）「インターンシップ用の特別プログラム」、（E）「パート・アルバイト業務の一部」。

（注3） 専修大学経済学部「学外特別研修」実施委員会編『私たちのインターンシップ』（2001-06年度版）に基づいて作成。

注

（1）専修大学『ニュース専修』第四二五号（二〇〇六年二月八日）

（2）この点に関連して、内山哲朗「〈働く喜び〉と〈学ぶ楽しさ〉――〈学業〉と〈仕事〉をつなぐ方法」（大庭健・内山哲朗他著『職業と仕事…働くって何？』専修大学出版局、二〇〇八年所収）もご参照ください。

（3）専修大学では、経済学部だけではなく、経営・法・商・ネットワーク情報の各学部でのインターンシップ、「キャリアデザインセンター」を通じての全学部対象のインターンシップ等、社会とのつながりを学生たちが経験できるような取り組みを多様なかたちで積極的に進めているところです。

4章

気候変動問題をめぐる動き

在間敬子

1. 地球温暖化と国際的取り組み

日本の各地で、最近、大雨の頻度が増えており、時には大きな被害をもたらしている。二〇〇五年のアメリカのハリケーンなど、世界で異常気象が起きている。これらは地球温暖化という気候変動による影響の可能性が高いと言われている。IPCC（気候変動に関する政府間パネル）が二〇〇七年二月に公表した第四次評価報告書によると、地球の平均気温は一〇〇年あたり摂氏〇・五六〜〇・九二度上昇し、平均海面水位は一九六一年から二〇〇三年の間に年平均一・八ミリの割合で上昇した。また、このような地球温暖化は、人為的起源の温暖化ガスの増加でもたらされた可能性がかなり高く、人為的起源の物質による温室効果のうち六割程度が二酸化炭素によるものであると示されている。ただし、これは現在の科学的知見に基づくもので、二酸化炭素が温暖化の「真犯人」かという点については、今後も調査が必要であると指摘されている。

二〇〇八年七月に開催された洞爺湖サミット（主要国首脳会議、G8）では、気候変動問題への国際的な対応が重要議題の一つだった。サミットは一九七五年から毎年開催され、経済・社会に関する国際的課題が議論されている。気候変動問題を検討する場としては気候変動枠組み条約の締約国会議（ＣＯＰ）があるわけだが、サミットでも主要議題とされたのには理由がある。一九九七年の第三回締約国会議（ＣＯＰ３）で採択された京都議定書では、二〇〇八年から二〇一二年の約束期間に、「付属書Ｉ国（主に先進国）」に温暖化ガスの削減を義務付け、国ごとに一九九〇年比での数値目標を課している。ところが、世界最大の排出国アメリカは、二〇〇一年に京都議定書の交渉から離脱してしまっている。そのため、京都議定書の義務付けを負う締結国だけで実行できたとしても、その効果は弱まってしまう。そこで、アメリカも復帰させる国際的枠組みが必要になっており、その一つがサミットだというわけである。アメリカは、離脱理由の一つとして、中国やインドなど、経済発展により温暖化ガスの排出を増やしている国への義務付けがないことが不公平だと主張している。ポスト京都議定書では、途上国への削減義務も重要な検討課題となっている。

京都議定書の枠組みでは、仮にアメリカも加わったとしても、世界全体の排出量の約五％を削減できるにとどまる。ＩＰＣＣでは、地球温暖化の損害を最小に抑えるには、二〇五〇年までに、一九九〇年比で温暖化ガスの排出量を、世界全体で半減させることが必要だとしている。ポスト京都議定書には、実行可能で効果が高い枠組みが期待される。

2. 日本の現状と環境政策

京都議定書では、日本の温暖化ガスの削減義務は六%である。ところが、一九九〇年に比べて、二〇〇五年実績で、およそ八%も増加している。従って、日本は一四%も減らさなくてはならない。自分の体重が五〇キログラムだとしよう。二キログラムくらいまでは努力すれば比較的容易に減らせるが、一四%に相当する七キログラムをダイエットするとなるととても大変だ。

図1は、二酸化炭素排出量の部門別推移を表している。製造業・建設業・農林水産業・鉱業から成る産業部門では、一九九〇年比での排出量は、図1で示されるように、ほとんど増えていない。これは、特に製造業で、エネルギー効率を向上させたためである。ただ、排出量シェアは最も大きく、この部門での削減効果は大きいと言える。

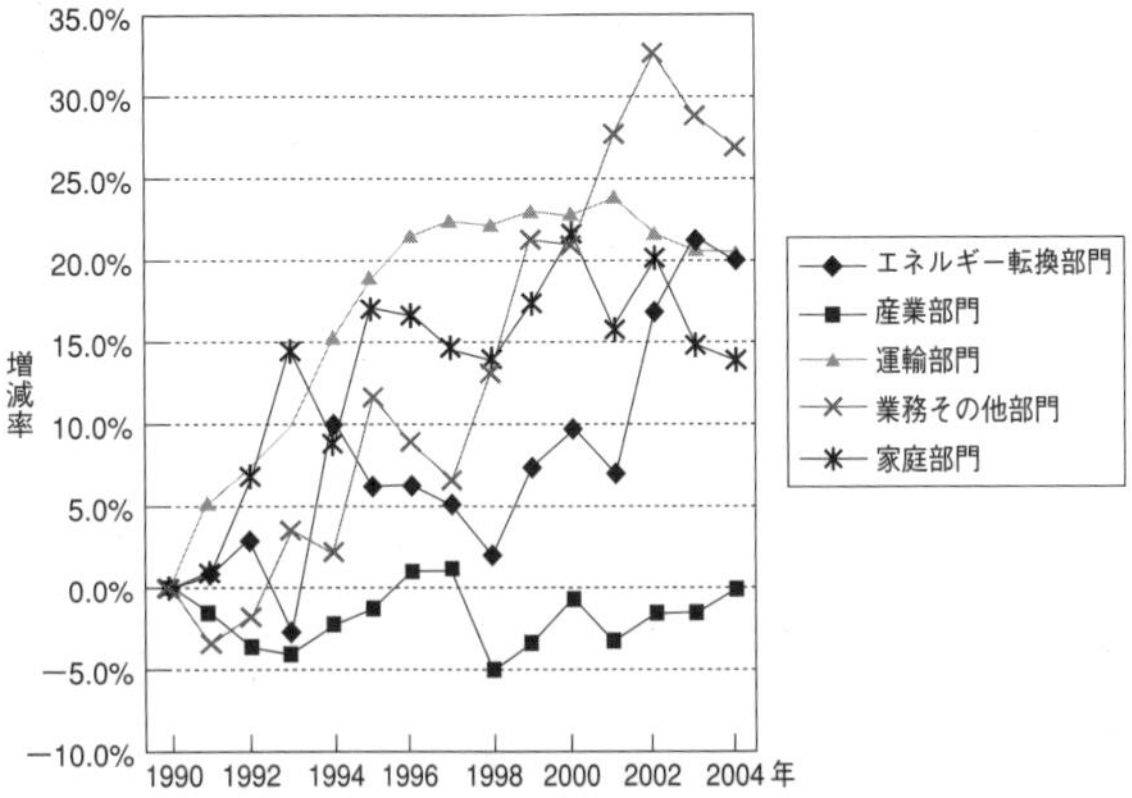

図1　部門別の二酸化炭素排出の増減率（1990年比）

（出所）国立環境研究所のデータをもとに作成

また、トラック・鉄道・飛行機・船・乗用車の利用等による運輸部門では、排出量は増加している。家庭部門や、小売や卸・金融・飲食などサービス業、および学校・政府・地方公共団体などから構成される業務その他部門でも、かなり増加している。つまり、あらゆる組織や個人が減らす努力をしなければならないことがわかる。

気候変動問題に対して、日本でも、いくつかの環境政策が実施されたり、検討されたりしている。まず、一九七〇年代のオイルショックを受けて省エネ法が制定されて以降、省エネ対策が促進されている。特に、改正省エネ法での家電製品などエネルギー消費機器の「トップランナー制度」は、メーカーに製品の省エネ率向上を競わせる効果がある。また、温暖化ガス排出量の算定・報告・公表制度も施行されている。報告義務によって企業に温暖化ガス削減のインセンティブを与えようというものだ。国民運動的な啓発活動としては、小泉氏が首相だった頃から実施されている「チーム・マイナス６％」の取り組みがある。夏のビジネスシーンで軽い服装にするクールビズは定着してきており、冷房による電力消費の削減効果が期待される。

さらに、近年では、二酸化炭素など温暖化ガスの排出に対して課税する環境税や、二酸化炭素の排出削減分・不足分を取引する排出権取引が、経済的手法として着目されており、制度の導入について検討されている。現在、市場で取引されている排出権は二種類である。一つは、先進国が途上国で温暖化ガス削減プロジェクトを実施するクリーン開発メカニズム（ＣＤＭ）で発生する削減分の排出権ＣＥＲである。この排出権を取引できる市場はＥＵやアメリカにあり、日本でも東京証券取引所が開設する予定である。二つは、欧州域内排出権取引制度（ＥＵ―ＥＴＳ）に基づき、ＥＵの排出権取引所で売買されている排出権ＥＵＡである。日本企業でも例えば丸紅がＥＵの取引所で、ＣＥＲの売買に参加している。日本でも、ＥＵのような排出権取引制度を創設することを検討している。

似た名称の制度として、日本では、二〇〇五年より自主参加型排出量取引制度が実施されている。上記の排出権取引と大きく異なる点は、補助金が組み合わされていることだ。参加企業が自主目標を設定し、目標以上に削減したら売ることができ、足りなければ買うことができるという制度であるが、目標を達成したら投資額の一部は補助金で戻るという仕組みである。企業にとっては排出削減の設備投資などを回収できるメリットがある。多くの企業が参加しており、製造業だけでなく、最近ではコンビニやホテルといった流通業・サービス業の企業も参加している。

3. 企業の自発的な取り組み

環境税や排出権取引のような新しい制度の導入が検討されているものの、実施までこぎつけるには非常に時間がかかる。両者とも日本では本格的な実施には至っていない。その間にも環境問題は深刻化してしまう恐れがある。そこで、期待されるのが、企業の自発的な取り組みである。二酸化炭素の排出削減は省エネと密接に関係しており、産業界でのさまざまな取り組みがある。いくつか紹介しよう。

小田急電鉄の取り組み

小田急電鉄株式会社では、二〇〇七年時点で、三つの地球温暖化防止活動をしている。一つは、省エネ型車両の導入である。省エネ型車両とは、従来型に比べて車体を軽量化し、電力利用効率を向上させるインバータやブレーキを設置したものである。小田急電鉄の『社会・環境活動二〇〇六』によると、二〇〇一年度から導入を進めている三〇〇〇形車両では、従来の五〇〇〇形と比較して電力消費量を三七・四％削減でき、この導入率は、二〇〇五年度末で七五・一％に達している。

小田急電鉄の取り組みの二つは、駅舎の省エネ化である。これまでに、湘南台駅、小田原駅、多摩線の五駅（五月台駅・栗平駅・黒川駅・小田急永山駅・小田急多摩センター駅）に太陽光発電システムを、はるひ野駅に風力太陽光発電システムを、それぞれ導入している。構内の照明や自動券売機、自動改札機、エレベーターなどの電力の一部として使用されている。はるひ野駅や多摩線上記五駅では、自然採光を取り入れた設計もされている。

三つ目の取り組みは、「鉄道でエコキャンペーン」の実施である。このキャンペーンは国土交通省と鉄道業界が連携して実施しているもので、鉄道利用の促進により地球温暖化を防止しようということで二〇〇五年にスタートし、小田急も参加している。

グリーン電力証書を活用する小田急百貨店

デパート、スーパーなど流通部門では、営業と省エネの努力が相反するという葛藤がある。そのような中でも、例えば、新宿のタカシマヤタイムズスクエアでは、空調機などにエネルギー損失を防ぐ装置を設置し、さらに冬期には空調システムを手動で調節するなどの努力をしている。他方、自然エネルギー促進の取り組みもある。小田急百貨店では、百貨店業界で最初にグリーン電力証書システムを導入した。グリーン電力証書システムの仕組みを図2に示す。

企業や自治体など申込者が、二酸化炭素を排出しない風力発電やバイオマス発電など自然利用の発電を行なっている事業者へ、グリーン電力認証機構から認証されたグリーン電力証書事業者を通して、発電を委託する。グリーン電力発電事業者は、発電し、電力を電力会社に売る。申込者は、グリーン電力認証事業者からグリーン電力証

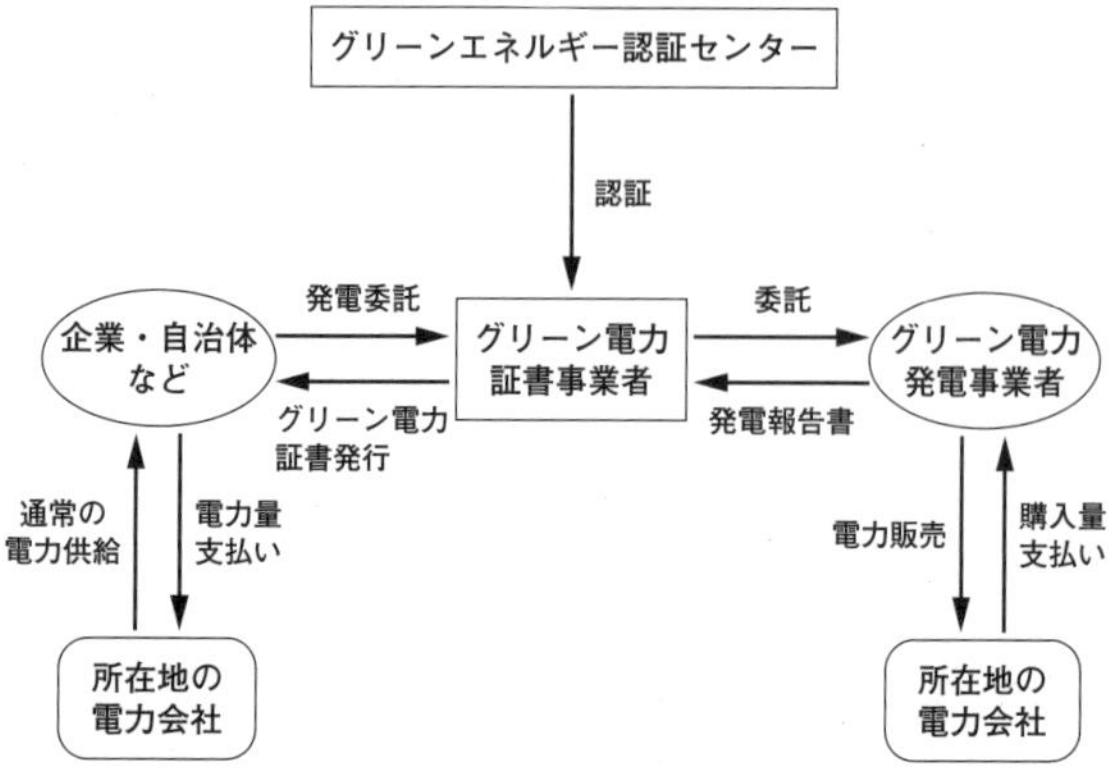

図2　グリーン電力証書システム
（出所）日本自然エネルギー株式会社の資料をもとに作成

書を受け取り、電力会社から電力の供給を受ける。このような仕組みになっている。

小田急百貨店では、二〇〇五年度分として一〇万キロワットの契約をしており、その電力量は、新宿・町田・藤沢三店舗のショーウィンドウ一年間分の電力消費量に相当するとのことである。小田急百貨店のショーウィンドウが直接自然エネルギーで発電されているのではないが、その電力分だけ日本の自然エネルギー利用促進に貢献しているのである。

池内タオルの「風で織るタオル」

グリーン電力証書システムを活用したユニークな商品も登場している。池内タオル株式会社の「風で織るタオル」である。この名前の意味は、池内タオルの製造するタオルが、一〇〇％風力発電利用であるということだ。池内タオルは、グリーン電力証書システムで年間四〇万キロワットの風力発電の委託契約をしている。これは、同社の全年間電力使用量に相当する。池内タオルは、自社の使用電力を一〇〇％風力発電でまかなう、日本で最初の企業である。「風で織るタオル」のバスタオル一枚では、三七〇グラムの二酸化炭素の削減に貢献しているということだ。

池内タオルのタオルは、環境に配慮しているだけでなく、オーガニックコットンを使用し、厳しい安全条件の認証を取得したものであり、最近のＬＯＨＡＳ（ロハス、健康と環境に配慮したライフスタイル）志向の高まりで、注目されている商品の一つである。全国区では「ロフト」で販売されている。池内タオルは、日本のタオル業界が低迷する中で、付加価値を高めて復活し成功した企業として様々なメディアでも紹介されている。

カーボンをオフセットする旅行

最近、「カーボン・オフセット（炭素の相殺）」という言葉をよく見かけるようになった。温暖化ガスの発生をできるだけ減らすようにすることが重要なのだが、生活する中でどうしても発生してしまう。それならば、どうしても発生してしまう二酸化炭素を、温暖化防止のプロジェクトなどをサポートすることで相殺しようというのである。

最近、カーボン・オフセット付き商品が登場している。例えば、旅行業界でも販売促進として着目されており、近畿ツーリストとＪＴＢの新商品がある。旅行では、交通手段の利用によって、どうしても二酸化炭素を排出させてしまう。両社は、排出分をオフセットする旅行商品を発売している。近畿ツーリストはクリーン開発メカニズムの排出権ＣＥＲを利用するタイプ、ＪＴＢはグリーン電力証書システムを利用するタイプである。

カーボン・フットプリントの取り組み

二〇〇七年の日経環境経営度調査の製造業部門では、製品の環境配慮に取り組む企業が高い評価を受けていた。製品の環境配慮の取り組みを進める上で、その製品がどれだけ環境に影響を及ぼすかを数値で捉えることが重要である。原料採取から、素材

・部品製造、製品製造、流通、消費・使用、廃棄・リサイクルに至るまで、製品のライフサイクルにわたっての環境負荷を数値で把握する手法として、ライフサイクルアセスメント（ＬＣＡ）がある。「カーボン・フットプリント（炭素の足跡）」は、二酸化炭素についてＬＣＡを実施し、製品一つあたりの排出量を製品に表示することである。

最近、日用品や食品の業界で、カーボン・フットプリントの取り組みが起こってきている。例えば、サッポロビールの「黒ラベル」、花王のシャンプー「メリット」、味の素の調味料、カルビーのポテトチップス「うすしお味」、カゴメのトマトジュース、また、セブンイレブンのＰＢ商品の梅おにぎりなど、製品の二酸化炭素排出量について、計算あるいは、計算の準備がなされている。計算された数値は、カーボン・フットプリントとして、製品に表示される予定である。これらは、温暖化ガスの表示制度を先取りする動きであり、環境意識の高い消費者、安全・安心を求める消費者へアピールしようというものである。

4. 個人の環境配慮と学生のパワー

企業が様々な環境に配慮した商品を提供し始めている。それらを吟味・評価して購入し、社会の環境配慮のウェーブを作っていくのは私たち市民・消費者である。

では、私達個人の行動はどうであろうか。平成一五年度版環境白書には、一人一人の日常生活の積み重ねによる環境負荷の増加が指摘されている。例えば、暑い夏に、「冷房温度を二八度に設定する」「冷房温度を二八度より低くする」という二つの行動を考えよう。二八度という温度は少し暑い。地球温暖化防止の重要性をわかっているのだが、快適な生活のために、ついつい下げてしまいがちだ。みんなが快適な行動を取ってしまうと、地球温暖化を引き起こす原因となってしまい、社会全体にとって望ましくない結果になってしまう。このように、環境問題には、個人合理性と全体合理性が乖離するために生じる「社会的ジレンマ」という性格がある。実際に、一人だけ温度を下げたとしても地球全体として影響は少なく、個々には、地球温暖化はなかなか実感しにくい。そのため、「自分一人くらいは」とつい思ってしまう傾向がある。

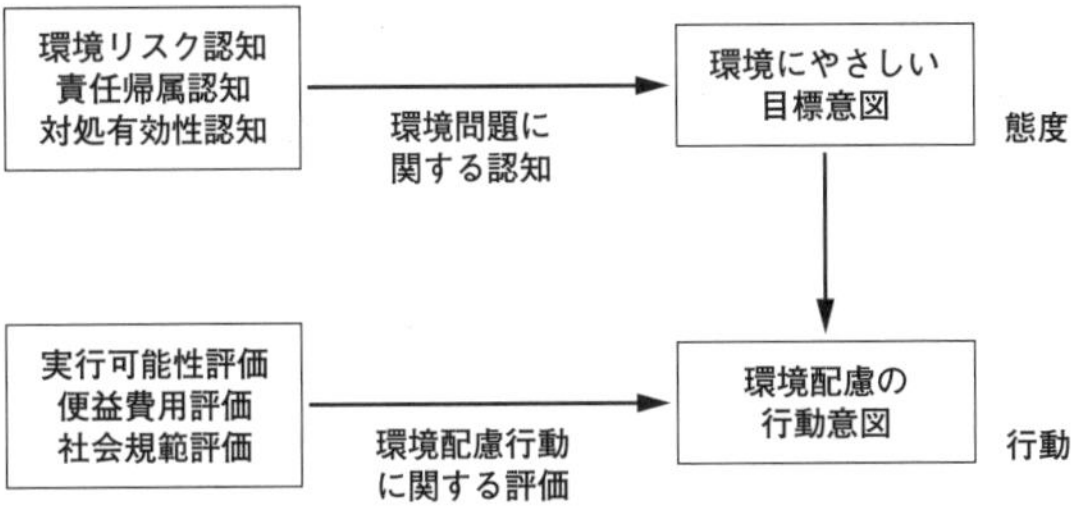

図3　環境配慮の態度と行動の広瀬モデル
（出所）広瀬（1995）p.44より作成

一人一人に省エネを促すことは、実は、難しい問題なのである。

　地球温暖化防止の重要性を「わかっている」のだが、快適な生活のために、暑い夏にはエアコンの温度を「つい」下げてしまう。これは、環境配慮に関する態度（意識）と行動のギャップという問題である。社会心理学の研究分野で、広瀬（一九九五）は、環境配慮の態度と行動が形成されるプロセスについて、図3のようにモデル化している。

　広瀬モデルは、環境にやさしい目標意図を形成するプロセスと、環境配慮の行動意図を形成するプロセスで構成される。目標意図の規定因は、対象としている環境問題の三つの側面についての認知である。環境リスク認知は、環境汚染の深刻さや発生可能性についての認知であり、いわば危機感である。責任帰属認知は、汚染や破壊の原因が誰にあるのかという認知であり、いわば責任感である。対処有効性認知は、なんらかの対処をすれば解決できるだろうという認知であり、いわば有効感である。

行動意図の規定因は、三つの側面の評価である。実行可能性評価は、環境配慮行動のための知識や技能の獲得の有無あるいはそれらの情報へのアクセスの有無、および、社会的機会の有無などに関する認知である。便益費用評価は、行動によってもたらされる結果の便益と、行動に要する費用を比較し、評価することである。社会規範評価は、「周囲の人々が環境配慮行動をとっていれば自分も」という社会規範への配慮であり、対象の行動が準拠集団の規範や期待に沿っているか否かを判断することである。環境問題についてわかっていながら協力行動が取れないことに対しては、この評価要因に働きかける環境コミュニケーションが重要になる（在間、二〇〇六）。

著者の前任校の専修大学では、数年前から、地球温暖化防止のための省エネの取り組みをスタートしている。まずは、電力設備を省エネ型に変更することで、大幅な電力消費量の削減を達成しつつある。個々への対策として、教職員に電気やエアコンをまめに消すことを促すシールを各教室・研究室・事務室に貼っている。今後、全教職員、さらには学生へも省エネ活動を推進するためには、さらなる努力が必要だ。
学生は多くの可能性を持っている。環境問題に対するアプローチでも、学生ならではのアイデアやパワーを引き出せるのではないだろうか。専修大学での経験を少し紹介しよう。

専修大学の課外講座の一つであるヒーブ講座では、二〇〇六年夏合宿で、東京電力の「TEPCO銀座館」を見学後、「東京電力と専修大学のコラボレーションによる省エネ活動」というテーマで、学生企画を実施した。その中で、東京電力の「貼る温度計」を学生証に活用して、学生が教室の温度を下げすぎたり上げすぎたりするのを防止できるようにしよう、というユニークな提案があった。

また、専修大学は、神奈川県の産学プロジェクトに積極的に参加している。私のゼミでも参加し、二〇〇七年度は東京電力神奈川支店が出された課題、「電気を使うエコ生活」の提案に参加した。学生から出たアイデアは、エアコン利用による地球温暖化というマイナス要因を、エアコン室外機の排熱を生ゴミ処理に利用して、食品リサイクルというプラス要因に変換しようというユニークな内容だった。学生たちは、夏休みにも実験を行い、議論を重ねた。入賞はできなかったものの、学生たちが得たものは決して小さくはなかったようである。私も思い出に残る夏だった。彼らは、現在、それぞれの問題意識でユニークな卒論に取り組んでいる。完成が楽しみである。

学生のパワーは、どの学校にも存在している。専修大の私のゼミナール学生は、東京商工会議所が実施する「エコ検定」にチャレンジし合格した。この話を聞いた京都産業大学の私のゼミ一期生は、さっそく自分たちもチャレンジしようと勉強を始めている。二期生はどちらかと言うと、勉強より体を動かすほうが好みのようで、加茂川でのごみ拾いなどを企画している。また、京都産業大学の私の授業でも、学生のパワーを感じる出来事もある。ある受講生が、環境NPOでのインターンシップがないだろうかと相談してきた。そこで、私の知っているNPO「環境市民」を紹介したところ、採用された。環境市民では、就職活動にCSRも考慮しようという、企業と学生を結ぶイベントを企画している。学生は、そのイベントの一端を少しでも手伝えることが喜びになっているようである。また、環境ソリューションコンサルティング企業への就職をしたいという学生もあり、頼もしく感じている。

これらのように、少しでも前向きな思いを持った学生は決して少なくはない。彼らをサポートするのは、大学や教員の役目であり、私が教育に携わる者としてできる環境コミュニケーション活動の一つであると考えている。個人や、企業、学校などでの、地道な小さな取り組みの積み重ねが、気候変動という大きな問題の防止につながってゆく。

参考文献

広瀬幸雄『環境と消費の社会心理学：共益と私益のジレンマ』名古屋大学出版会、一九九五年
在間敬子「第一章　社会的ジレンマ解決のための環境コミュニケーション」見目洋子・在間敬子編著『環境コミュニケーションのダイナミズム─市場インセンティブと市民社会への浸透─』白桃書房、二〇〇六年

第2部

暮らし

5章

賢い保険選択のすすめ

上田和勇

はじめに

交通事故、地震、病気、けが、老齢、要介護になるなどの出来事の多くは保険に加入することにより、それがもたらす損害の多くを保険会社に転嫁することができます。しかしすべての場合において、それができるかというとそうではありません。保険加入の仕方などにより、保険が私たちに十分な効用や機能を提供してくれないことが生じます。つまり、加入の仕方により、保険から十分な効用や機能が得られないことがあるのです。

保険加入に際しては、いくつかの考慮事項があり、本来プロである保険の売り手(保険会社、保険仲介者)が、契約者の保険への希望等をよく聞き、最適なアドバイスを行うべきであり、私自身、これまでそのための施策を提言してきましたが、そうしたことを強制化でもしない限り、保険の売り手は販売志向的になるのが世の常です。現に多くの生・損保会社による保険金の不払いが生じ社会問題化しています。これは保険会社が本来払うべき保険金を払っていないという保険会社自身の社会的責任の問題ですが、契約者も自分の契約にできうる限り留意し、そうした不払いが起きないようまた最適な購入がよりできるように工夫することが必要です。

　そこで保険の買い手も最適な保険が選択できるよう、最低限の自己防衛力をつける必要があります。ここでは最適な保険選択をするためのポイントとして、次の八つの考慮事項をあげてみました。

保険の加入目的を明確に

　保険加入の基本的な目的は、三つに分けることができます。一つは人や財産に損害が生じたときの埋め合わせ（損害のてん補）であり、二つ目は投資目的による保険加入。三つ目はその双方の機能を満たしたい場合です。

　損害のてん補は保険本来の機能ですが、どういうリスクがあるのか、どれぐらいの損害が考えられるかといったことが重要になります。投資目的に入る保険もありますが、これは投資リターン（配当など）が他の金融商品と比較し、どのぐらいあるのかを比較したうえで購買の意思決定をすべきです。この種の保険には、配当などのリターンが変動するという投資リスクがある点も踏まえておくべきです。加入目的の明確化、損害の源泉となるリスクの発見（保険仲介者のアドバイスを参考にして行う）、保険料の支払能力などをベースにして購買の有無を検討すべきです。

どういうリスクを保険でカバーしたいのか

保険で対応できるリスクを単純化すると、次の三つになります。①人に関する人的リスク、②家その他の財産に関する財産的リスク、③損害賠償責任を負担しなければならない賠償責任リスク、に分かれます。

①の人的リスクは、さらに人の死亡、病気、けが、老齢、介護に分けられます。いずれも偶然な事故・出来事であり、このことにより当該者に大きな経済的損失が生じます。

②の財産的リスクには、たとえば、火災、地震、台風等による家屋や家財の損害があります。事故や盗難などにより、車に損害が生じる場合も財産的リスクの発生です。

③の賠償責任リスクは、自分の不注意で他人に損害を与え、法律的に損害賠償責任を果たさなければならない場合などがそうであり、車により歩行者に損害を与えた対人賠償事故などがそうです。

これらリスクが自分や家族の生活や行動にどう関わるかは、人それぞれです。いわばリスクの棚卸を保険仲介者と行ない、どのリスクが特に重要かをその発生頻度や発生した場合の影響度の双方から考えるべきです。

損失の埋め合わせの程度は充分か

リスク発生により生じた損害が、すべて保険金支払の対象となるわけではありません。事故の中には、保険では支払えないものもあり、こうした場合を「免責事項」として、保険証券に明記してあります。契約前に、免責事項を確認することも重要です。保険金の支払対象となる事故でも、下記のことが重要になります。それは発生した損害額がすべて、支払われた保険金で埋め合わすことができればいいのですが、契約の仕方などによりマイナスの差額が生じる場合があり、これが契約者の自己負担になる点です。

たとえば家が火災で全焼し、その損害額が二四〇〇万円だったとします。上記の計算式によって、火災保険会社からの支払保険金が一二〇〇万円の場合、火災保険契約が保険契約者の家の再築に果たした貢献は　2400万円－1200万円＝1200万円であり、保険による保護率は五〇パーセントにすぎません。残りの金銭は契約者が工面しなけ

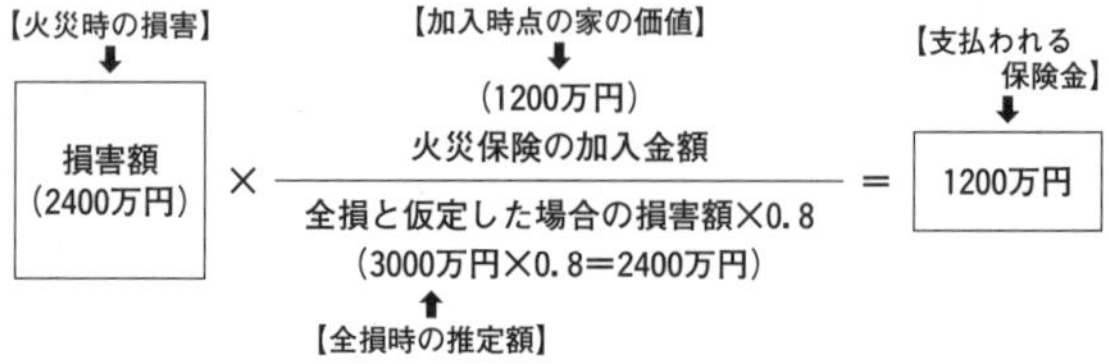

図１　火災保険金の支払方式

ればならず、何のための保険だったのかということになります。これを保険保護率といい、保険の保障機能がどの程度達成できたかを知る場合の重要な指標です。

保険保護率が一〇〇パーセントにならないのは、保険契約時の保険の付け方（付保の仕方）に問題があるとともに、火災保険金の支払いが次のような方式で支払われるからです。

損害額×(火災保険付保額÷全損時の建物の価値×0.8)
＝支払われる保険金

プロである保険の売り手はこうした点を充分、契約者に説明し、保険契約の締結を行う必要がありますが、買い手もこの点に最低限の留意をしておくことが重要です。

保険の値段は、購買者のリスク・レベルと制度の運営の仕方により変わる

保険の値段は購買にかかわるリスクの大きさと保険制度の運営の仕方により変わり、双方の最適なレベルの設定が保険価格の公平化につながるのです。だからこそ、保険の値段算出にあたり、公平な保険料算出の概要を買い手に知らせることが極めて重要になるのです。

同じ商品を買うのに、その値段が購買者により変わる商品やサービスがほかにあるでしょうか。本やパソコンを買うとき、車を買うとき、ハンバーガーを買うとき、買い手により値段が変わるでしょうか。こういうことは他の商品ではありえない事であり、保険の価格が持つ大きな特徴です。

もし、リスクの高い運転者とそうでない運転者を同じ保険料で引き受けることが許されると、安全な運転者は、割高な保険料を払わされていることになり問題が生じます。保険料に関する要因、特に各契約者の属性によるリスクと保険料の違いを売り手がまず契約者に伝える情報開示が非常に重要になるのは、保険料の公平性や保険制度の公平性を維持するために重要なのです（参考までに、次に自動車保険の保険料の内訳やリスク細分化の要因の例を図表2で示しておきます）。

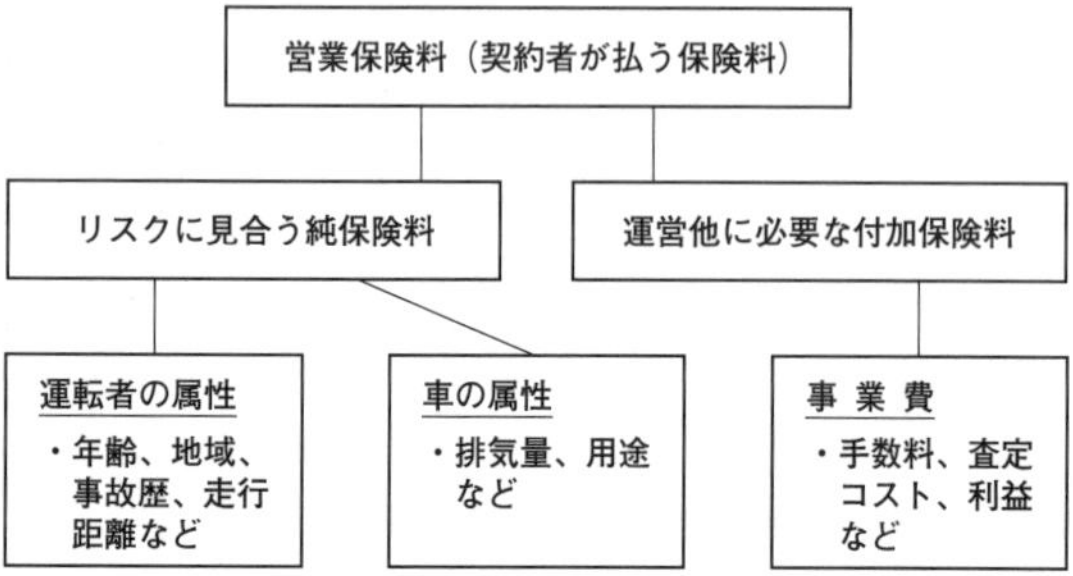

図２　保険の値段は本来、どういう要因で決まるのか
（例：自動車保険）

残念ながらほとんどの日本の保険会社は、こうした点に関する契約者リスクの細分化とその状況の情報開示が極めて不充分なため、契約者間同士で不公平が生じている場合が多いのです。保険契約者はこうした情報を知る立場にあると考えますので、今後、保険会社にこうした情報の提供を望むべきです。

保険料はまた事業コストにより大きく変わります。その大部分は保険の仲介者（代理店や営業職員他）に払う手数料です。商品によって手数料が保険料の六〇パーセント近くを占めているという報道もあります[1]。諸外国ではこうした面の開示を強制化している国もあります。開示によりコストダウン競争を促し、保険料の低下を狙うためです。わが国もそういう方向に今後行くべきですが、消費者は少なくともこうした事実を知っておくべきです。

保険仲介者の存在――仲介者の仕事の範囲

保険の販売には昔から、さまざまな仲介者が介在してきました。日本では、生命保険の販売には通常、営業職員と呼ばれる人が介在し（生保会社一社のみの販売に従事）、損害保険の販売の中心は代理店と呼ばれる人たちです。この損保代理店には、特定損保会社一社の商品を扱う専属代理店と複数社の損保を扱う乗合代理店とがあります。また、一九九六年以降は新しい法律の下で、多くの保険会社の商品を中立の立場で扱う保険仲立人と呼ばれる人たちも仲介者として参入しました。

こうした各仲介者の保険契約時の役割や機能には違いがあり、保険契約時の最終購買内容に違いを生じさせる場合があります。本来は仲介者が最初に自分の機能や提供できる情報の範囲等を契約者に宣言すべきですが、日本ではそれがまだ正式に強制されていません。英国やオーストラリアはこうした状況の開示を契約当初、仲介者に求めています。

日本では、このように仲介者の立場や権限等が消費者に開示不充分でわかりにくい現状ですので、消費者は逆に仲介者に対し、次のようないくつかの質問をして、それを確認することが自己防衛になります。こうした質問に明確に回答しない仲介者への付保は避けるべきです。

質問一　特定保険会社の販売かどうか。

質問二　仲介者には、契約者が告げなければならない重要事項を受ける権限があるか？

質問三　契約締結の権限の有無は？

質問四　他者比較情報は？

質問一と四は、仲介者の勧める保険は複数保険会社のものなのか、それとも特定一社のものなのかの確認のための質問です。最適な保険選びには、比較購買が先決です。専属代理店や生保の営業職員は特定保険会社一社の情報しか提供しませんので、比較購買するには消費者が時間とコストをかけ自ら行わなければなりません。

質問二と三により、契約時に契約者が仲介者に過去の既往症などリスクに関する事項を告知した場合、それを受け取る権限がどの仲介者にもない点（告知の受領権限は生保会社の指定した医者にある）、契約の締結権限は損保の代理店のみにある点を確認するためのものです。要するに、告知や契約の完了は、基本的には保険会社がそれを承認する時点まで留保されていると理解すべきです。

契約者の義務と保険会社の責任

［契約者の義務］

保険契約時、契約者が果たさなければならないいくつかの義務がありますが、ここでは告知義務と通知義務をあげておきます。本来こうした義務の履行は、プロである保険会社および保険仲介者のリードの下で、行われるものですが、契約者自身も最低限これら二つの義務の概要を知っておくべきです。

①告知義務

〈告知義務とは〉

新しい生命保険の契約や、既に契約している内容の変更など（死亡保障の増額や病気・けがに備える特約の中途付加、転換制度の活用、失効した契約の復活など）にあたっては、契約者または被保険者は過去の傷病歴、現在の健康状態、現在の職業などをありのままに生命保険会社に告げなければなりません。これを告知義務といいます。健康状態のよくない人が、健康な人と同一の条件や保険料で契約する不公平を回避するための契約者の義務です。

この義務は、保険に加入するものの最低限の義務であり、これを怠った場合（事実を言わない、告知しない）、たとえ加入できたとしても、事故発生時には保険金の支払いはないと考えていいでしょう（保険種目によっては、契約者に告知義務を課していない商品もあります）。

〈誰が誰に告知するのか〉

契約者または被保険者が、生命保険会社もしくは生命保険会社が指定した医師（営業職員等は一般に契約締結の代理権はないので、営業職員、生命保険面接士等に口頭で告げても告知したことにはならない）に対して行います。

〈告知義務違反とは〉

事実を告げなかったり、虚偽の事実を告げたりなどすることを告知義務違反といい、責任開始期から二年以内であれば、生命保険会社は契約を解除することができます。解除された場合には、保険金や給付金が受け取れなくなったりします。たとえば四年前に、糖尿病で通院をしたことがあるのに、そのことを告知書になしとマークした場合などは告知義務違反の典型例です。

②通知義務

もう一つの契約者の義務に通知義務があります。たとえば火災保険契約後、建物を住宅専用から店舗併用に改築した場合などがそうです。明らかに住宅よりも、店舗併用住宅のほうが火災発生の頻度や予想損害額の大きさが高まります。この場合、契約者が保険会社に連絡し、建物の用途変更により契約条件の変更をし、保険料の再計算、追加保険料の支払いが必要になります。

告知義務、通知義務は法的な契約者の義務であり、保険約款（保険契約の内容を定めたもの）にそれが記載されています。ただ、通常、消費者はこの種の義務について は知らないのが普通です。契約時に保険のプロである仲介者が契約者に、契約者にもいくつかの義務がある点を説明し、正しく付保できるよう配慮する責任のほうが重要と考えますが、契約者も契約に関する自分の義務について聞いておくべきでしょう。

[保険会社の責任]

保険の引き受け者である保険会社には多くの責任があります。ここでは法的議論を超えて、保険仲介者も含め売り手として、特に契約者に果たすべき責任の一部を検討します。

①保険契約が正しく付保されているかどうかを確認する義務

プロである保険の売り手（保険会社と保険仲介者）は、保険契約が正しく付保されるために合理的な注意を払う必要があります。たとえば、上で見た契約者の告知義務にしても、契約者から正確な回答を引き出すために合理的な注意を払う必要があります。

英国の保険仲介者には、保険のプロとしての保険仲介者に、保険契約の正しい付保のための注意義務を求めています。たとえば、自動車保険加入時の、無事故割引や職業に関する告知に関して、保険仲介者の義務を契約者の義務よりも、より一層強く求めています。

日本においても、ただ単に契約者に告知義務を求めるのではなく、正しい告知を行わせるための配慮が仲介者には、今後求められていくといえます。

②保険経営が契約者やその他の利害関係者からみて、合理的に運営されているかどうかの統治責任

保険経営が合理的、効率的に運営されているかどうかは契約者の利害に最も大きく関係します。保険の価格設定の仕方や保険料の運用の仕方、保険経営の事業費の使い方が保険経営のコアとなる部分ですが、これが非効率的で非競争的であれば、契約者の負担する保険料あるいは契約者の将来受け取る配当にもマイナス影響を与えることになるからです。

生命保険会社の利益の源泉は、契約者により支払われた保険料のうちどの程度が保険金の支払いに使われ、どの程度の利回りで運用でき、経営にどの程度の経費がかかるかにかかってきます。この分析を「利源分析」といいます。

保険金の支払い、運用利回り、事業費の支出状況に関する三つの指標が中心となって保険経営が営まれ、年間の剰余金が生じその多くの割合が契約者に配当という形で返還されていきます。保険料が入り口の保険の値段としますと、配当は毎年の経営成果の契約者への払い戻しといえます。

保険会社はこうした剰余金が生じるまでのプロセスを管理する責任があり、それが合理的に行われているかどうかの責任が特に経営トップにはあるのです。

保険金が支払われない場合

契約者に何らかの事故が生じ、損害が発生した場合、保険契約者は保険会社、保険仲介者に連絡をし（事故通知義務があります）、保険金請求をします。保険会社はその事故が保険金支払の責任に該当するかどうか調べ、該当する場合は保険金支払の準備にかかりますが、保険金支払の責任が生じない場合は免責とよび、保険会社の支払責任はありません。

契約者は、すべての事故や損害が保険でカバーできると思うべきではなく、保険金が支払われない免責事項についても、契約時に最低限の確認はすべきです。たとえば下記に示したのは免責事項の一部であり、各保険に明記されています。

①車の強制保険（自動車損害賠償責任保険）：契約者、運転者の悪意、故意による損害他

②車の任意保険（対人賠償保険、車両保険）：地震、噴火、津波、台風、洪水による損害、運転者の年齢条件違反による損害他

③火災保険：地震発生後の火災による損害（この損害は地震保険で担保される）

④生命保険：契約者や被保険者（その人の生死が保険金支払の対象となる人）の故意、

契約（責任開始）前の発病や事故、戦争による損害、告知義務違反の場合他です。

保険会社の安全性の考慮

契約者が保険会社選択時に保険に何を期待するかは人それぞれです。たとえば保険料の安価性、商品内容の良さ、事故処理の迅速さ、配当の多さなどが考えられます。こうした要因以外に、忘れてならないのは保険会社の経営の安全性、財務の健全性です。

リスク引受けが保険の本業ですが、その保険会社も過去に経営上のリスクにさらされ、一九九七年の日産生命の経営破綻を含め、二〇〇八年まで生保会社八社、損保会社二社が破綻しています。その原因の一つは運用利回りに関する損失（実際の運用利回りが予定していた運用利回りよりも低いことによる損失）です。

保険会社が破綻すると、破綻保険会社に代わり契約者保護機構が一定の補償をする制度がありますが、既契約にたとえば保険金など支払の一定期間の凍結や支払金額の減額、予定利率の引下げや解約返戻金の減額です。

したがって保険契約にあたり、契約者は保険会社の特に財務の健全性・安定性を考慮するべきです。その際、参考になる指標が、保険会社の格付け（Rating）と呼ばれるものです。

〈保険会社の格付け〉

保険会社の格付けとは、保険会社が保険金支払義務に対応する健全な財務内容を持っているかどうかを格付け機関がいくつかの項目から調べ順位付けをし、各社別にその順位をＡＡＡ、ＡＡ、Ａ、Ｂなどの表示で行っています（上から順番に格付けが高い）。

こうした情報は各社のホームページに開示されています。たとえば、Ｓ＆Ｐ社の二〇〇六年二月時点における生保会社の格付け情報では、第一生命Ａマイナス、住友生命ＢＢＢなどの格付けになっています。自分であるいは保険仲介者を通じ、その情報を入手し、保険会社の保険金支払能力を、自分が求める保険種目別に知っておくこともいいことです。

おわりに

すでに指摘したように、保険契約の選択には多様な多くの要因を考慮する必要があるとともに、たとえば、契約者側の保険料の支払い可能な金額も人により、保険でカバーしたいリスクもライフサイクルで変わります。また保険会社の経営成果も常に不確実な点があり変わります。こうした状況下、保険の素人が最適な選択を行うことは一般には難しいわけです。

最後に賢明な保険加入のポイントを整理しておきます。

①保険に加入しすぎても、加入不足も問題です。自分や家族に重要なリスクは何かを考え、予想損害額の大きいものから優先的に評価しましょう。②ここでは触れませんでしたが、加入が強制の社会保険からの保障も考えあわせましょう。③最小のコストでリスクへの対応を行うとともに、投資目的の保険についてはリターンのことばかり考えず、高いリターンには高い投資リスクがあるということを忘れてはいけません。④保険の販売員のいう言葉をもう一度冷静に考え、納得いくまで契約しないという態度が大切と思います。

すべての買い物にはリスクが伴いますが、特に保険購買時のそれは大きいものがあります。保険契約者の保険購買にかかわるリスクを最小化し、保険購買による効用を最大化できる保険の購買システムが不可欠となり、その構築責任は保険会社にありますが、上記各要因について消費者自身も最低限の知る努力をしたいものです。

注

（1）日本経済新聞、二〇〇四年一一月七日付

※本稿の多くは、上田和勇『持続可能型保険企業への変貌』（同文舘、二〇〇六年）の一部を参考にしています。

6章

人と人をつなぐお金

――コモンズとしての地域通貨

泉　留維

1. 地域通貨で変わる

千葉駅の一つ隣り、JR西千葉駅前のゆりの木商店街は、地域通貨「ピーナッツ」を使い始めてマチの風景がみるみる変わっていきました。道路の片側にしか店舗がなく、一九九八年まで商店会もなかった商店街が、です。地域通貨を始める前は、街路樹が寒々しく立っているだけで、何の趣もなく、多くの住民にとっては通り抜ける道路ぐらいの認識しかもてなかった場所が、今では周囲は常に清掃され、街路樹の周りには花壇があり、そして買い物するわけでもないのに住民がお店に入り談笑するような賑やかな場所になりました。

そして、マチの人の関係も変えました。海保眞さんのMADOKA美容室と榎本英夫さんの榎本畳店はほぼ背中合わせに店舗があるのですが、お互い二十年以上もろくに話したことがなかったそうです。それが、地域通貨導入により、マチのことについて話し合ったり、普段から行き来したりするようになりました。石川さん夫妻が切り盛りしている長崎ちゃんぽんが名物のぎやまん亭は、極めて伝聞ですが、商売以外の会話が弾むようになり夫婦の仲がたいそう良くなったそうです。また、商店街の近辺にある小学校や千葉大学の学生、有機農家、福祉活動を行う団体など、多くの人や団体が地域通貨を結節点にしてつながりつつあります。

ゆりの木商店街の関係者だけでなく、千余名の地域通貨「ピーナッツ」を使っている人々みなが、地域通貨がなければ互いに出会うことも、マチに関わることもなかったと間違いなく言うでしょう。

この「ピーナッツ」の取り組みを見て、自分たちのマチでも始めようとしたところがいくつもあらわれてきています。その中の一つが小田急線町田駅周辺で取り組まれている「まちだ大福帳」です。町田市で女性の視点を組み込んだ市民活動をしていた今井啓子さんを中心にして、二〇〇一年に「ピーナッツ」の仕組みをほぼそのまま導入して始まりました。西千葉とは全く違ったマチでしたが、それまで結びつきようもなかった駅前の商店、行政関係者、地元の玉川大学の学生、子育て中の主婦などが、大福帳を使うことでどんどんつながっていったのです。二〇〇五年には、そのまちだ大福帳、商店主たちが設立したＮＰＯにろくの会および町田市が協働で、市民活動と地元商店を結びつける地域通貨「ｈａｎａ」を流通させる実験までも行っています。

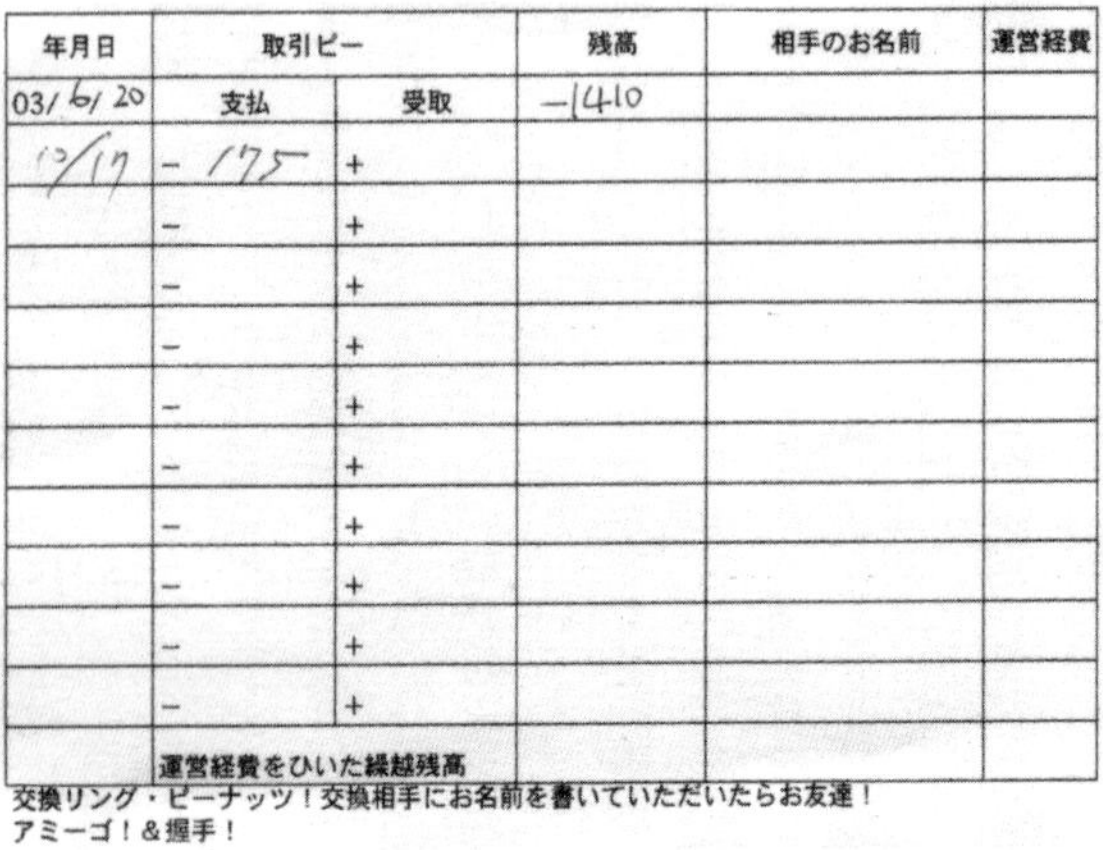

年月日	取引ピー		残高	相手のお名前	運営経費
03/6/20	支払	受取	−1410		
12/17	− 175	+			
	−	+			
	−	+			
	−	+			
	−	+			
	−	+			
	−	+			
	−	+			
	−	+			
	−	+			
	運営経費をひいた繰越残高				

交換リング・ピーナッツ！交換相手にお名前を書いていただいたらお友達！アミーゴ！＆握手！

写真１　地域通貨ピーナッツの通帳（裏面）[(1)]

今井さんは、「まちづくりを包括的に捉えながら、未来の子どもたちについて真剣に考え行動している方々をつなげていくのが、私たちの地域通貨だ」と確信して、日々、活動しているそうです。

　人は、仕事上のつながり、趣味のつながり、同窓のつながりなど、様々なつながりの中で人生を送っていますが、地域通貨が紡ぎ上げるつながりを見ていると、人があるベクトルを持ってつながった時の力の「すごさ」を実感することが多々あります。地域通貨のつながりのすごさは、おそらく日本円という日々使用する貨幣と対照的とも言える性質に起因すると思われます。

2. 日本円と地域通貨

地域通貨は、日本では、欧米より後れること約十年、NHK—BSで放映された「エンデの遺言」という地域通貨の特集番組（一九九九年五月）などをきっかけに、一九九九年からやっと本格的に取り組まれ始めました。東アジア通貨危機を見て投機マネーについて不信感を抱いていた市民を中心にして関心を引きつけ、海外の取り組みの模倣という形で実際の取り組みが始まっていきました。このような地域通貨に取り組むうねりができつつある中で、各種メディアも盛んに地域通貨を取り上げるようになります。図1は、日本の主要全国紙において、一九九六年から二〇〇七年までの一二年間の地域通貨に関する記事（地方版含む）を計測し、暦年毎に積み上げたものです。一九九六年から新聞では取り上げられるようにはなりましたが、当初はその本数は極めて少ないものでした。それが、一九九九年を境にして状況が一変し、二〇〇〇年には前年の六倍増の二一〇本、そして二〇〇二年には五四九本を記録しています。そしてこの図1と、筆者が継続的に実施している地域通貨稼働数調査(2)の結果を図示した図

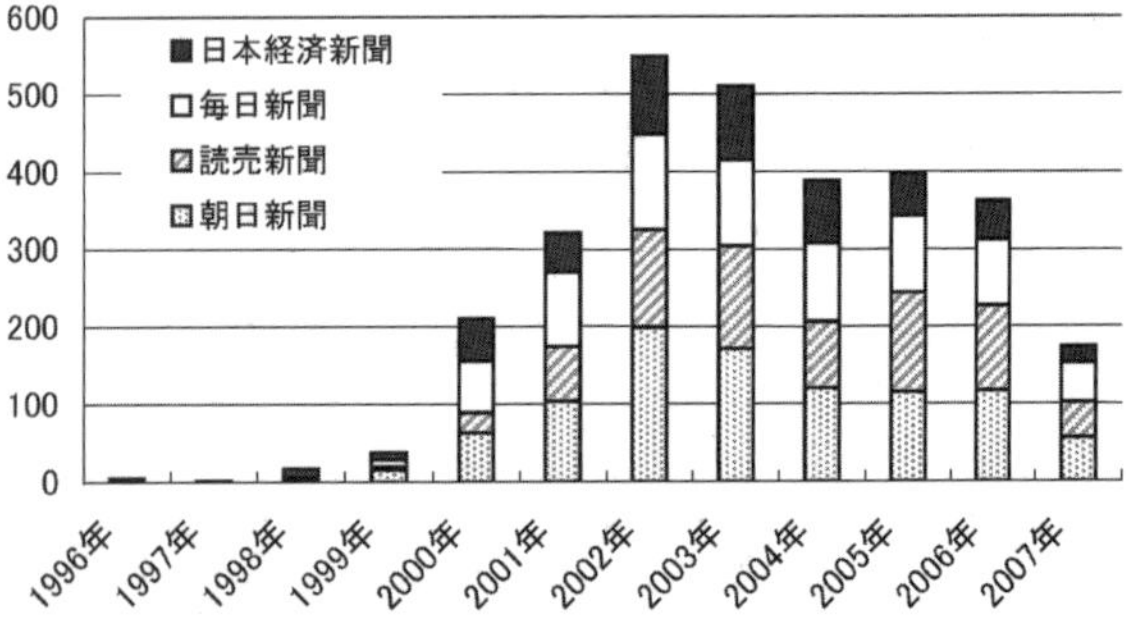

図1　主要全国紙における地域通貨に関する記事の掲載数

（出典）各紙の新聞記事データベースを利用して筆者作成

（注）産経新聞は、地方版の検索が現在行えないため、検索対象紙から除外した。

2を比較すると、実際の活動の進捗よりもかなり先行して、わずか数年の間に一気に関心が集まっていったことがわかります。

各地で取り組まれている地域通貨の内容は、地方自治体が地域経済を活性化するために導入したり、はたまた中山間地の小さなコミュニティが助け合い活動の潤滑油として導入したりと実に多種多彩です。ただ、個々の地域通貨の規模はそれほど大きいものではなく、参加者が千名を超えるものは数えるほどしかありません。

貨幣といえば、ほとんどの日本人が日本円を思い浮かべるでしょうが、地域通貨はその日本円とは、見た目も機能もかなり異なったものです。例えば、貨幣と人の関係

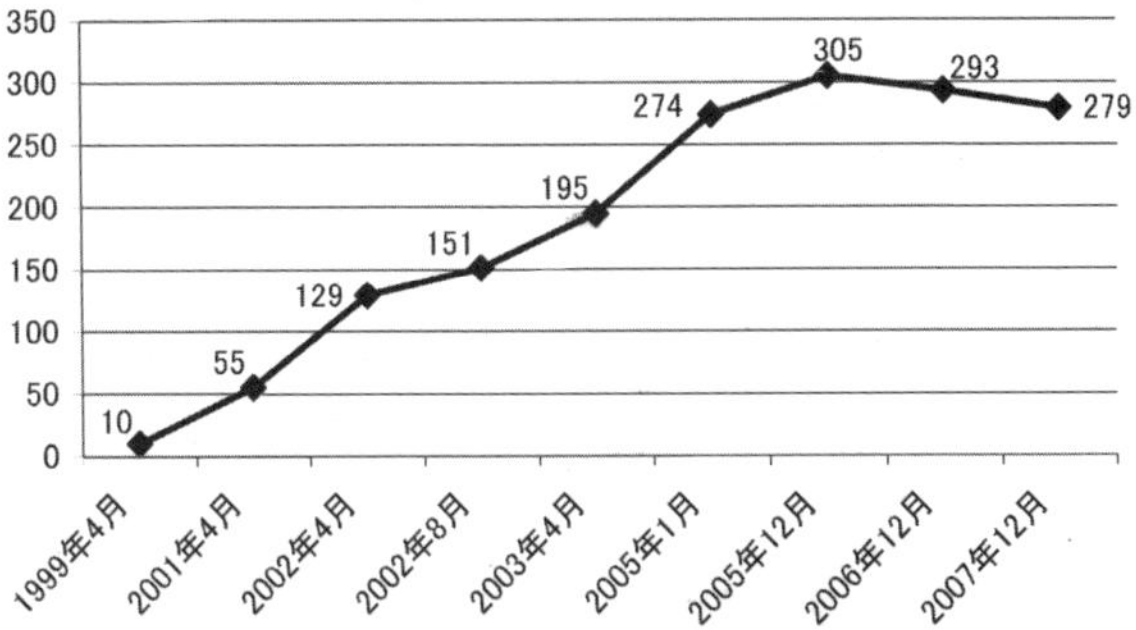

図２　稼働していることが確認できた地域通貨の数

（出典）筆者作成

から比較してみると、日本円が織りなす貨幣コミュニティは、基本は「金の切れ目が縁の切れ目」です。貨幣があるからつながっているだけの人と人の関係性がそこにあります。スーパーで野菜を買う時に、売り手は買い手の貨幣が本物かどうかには関心があっても、買い手の人物像には関心を持たず、一方で買い手も野菜の鮮度に問題がなければ売り手が誰でも構わないでしょう。後腐れのないようなつきあいには向いていて、そして関係を壊すことはあっても、創造することは考えにくいのが日本円のコミュニティです。

　一方で、モノやサービスの支払いに使ったり、時にはそれ自体を貸借したりすることで、関係が創造され、醸成されていく貨幣もあります。それが、地域通貨です。貨幣ではあっても、経済的取引の媒介が主たる機能ではなく、ある意味では「後腐れのある」つきあいを作り出すための機能が主と言えます。そのため、地域通貨を使用するのには会員登録が必要であったり、使用するたびに紙券の裏面に自分の名前を書いたりするような非「匿名性」の世界が成立する仕組みを持つことが多いと言えます。

このような貨幣のあり方は奇異に思われるかもしれませんが、ここ十数年の新しいあり方ではなく歴史をさかのぼっても多くの同様な事例があります。有名なところでは、遅くとも一八世紀からミクロネシアのヤップ島で使用されている中央に穴をあけた円板状の石の貨幣がその事例に当てはまるでしょう。直径二〇センチ程度のものから、直径四メートル、重さ五トンのものまで様々な大きさがある石貨ですが、一般に食料品等の商品の購入に使用されるのではなく、結婚の時に花嫁の親族から花婿の親族に贈られたり、紛争の和解や贖罪、カヌーや家屋の建造に対する謝礼など、社会生活の様々な場面で使用されます。市場での商品売買には石貨よりずっと後に流入してきた貨幣、現在では米ドルが用いられます。

石貨は人々の前に誇らしげに展示されていて、当事者および周囲の認知によって所有権のみが移転します。通常の貨幣を用いた取引は、その取引が成立した時点で互いの関係性は消滅し切り離されますが、石貨による取引では、石貨そのものに前の持ち主の存在が一部のこり、石貨の移転に伴った歴史が暗黙のうちに刻み込まれていきます。石貨にはそれぞれ人格や名前があり、コミュニティの中で循環することで、個人間や集団間の連帯を強めていくのです。

3．生ゴミがまわる、人がまわる、地域がまわる

ピーナッツや石貨などの事例からもわかるように地域通貨は、日本円の単なるローカル版では決してないと言えるでしょう。地域通貨を用いて交換を行う目的は、実利的なことではなく、意識されずとも第一義的には人と人の関係を構築し、緊密化させることにあります。ただし、そこには人が利己的であることを否定し自己犠牲的を強いるような意味合いはありません。例えば、佐賀県伊万里市のＮＰＯ、伊万里はちがめプランは、その有り様を上手く制度化させています。

伊万里はちがめプランは、当時、ステーキハウス・伊萬里亭のオーナーであった福

田俊明さんが一九九七年に設立したＮＰＯで、二〇〇四年六月に地域通貨「ハッチー」の発行を始めています。伊万里市の年間の生ゴミ搬入量の約一四パーセントにあたる六三〇トンを、一般家庭二二〇世帯（市内世帯数の一・一五パーセント）および飲食店などの事業所六四ヶ所から独自に回収し、堆肥化するという生ゴミ資源化事業と絡めて地域通貨を発行しているのです。基本的な仕組みは次の通りです。

一般家庭と飲食店などの事業所から排出される生ゴミをはちがめプランが毎日回収、それを堆肥とし、その堆肥を用いて地元農家は有機野菜を作ります。そして家庭や飲食店がその有機野菜を購入するという流れで、この一連のモノの流れと逆に地域通貨が流れています。すなわち、はちがめプランは、生ゴミ回収時に家庭や飲食店に地域通貨を支払います。農家は堆肥をはちがめプランから地域通貨で購入するのですが、その地域通貨は自ら作った有機野菜を売って手に入れることになります。

このような循環は、地域通貨の導入があって初めて成立するものと言えるでしょう。地域通貨未導入の場合、生ゴミ資源化事業の成功例として頻繁に取り上げられる山形県長井市のレインボープラン(3)などで見られるように、住民から生ゴミを対価を払うことなく回収し、それを堆肥化します。そして、その堆肥は地元農家が使用するのです

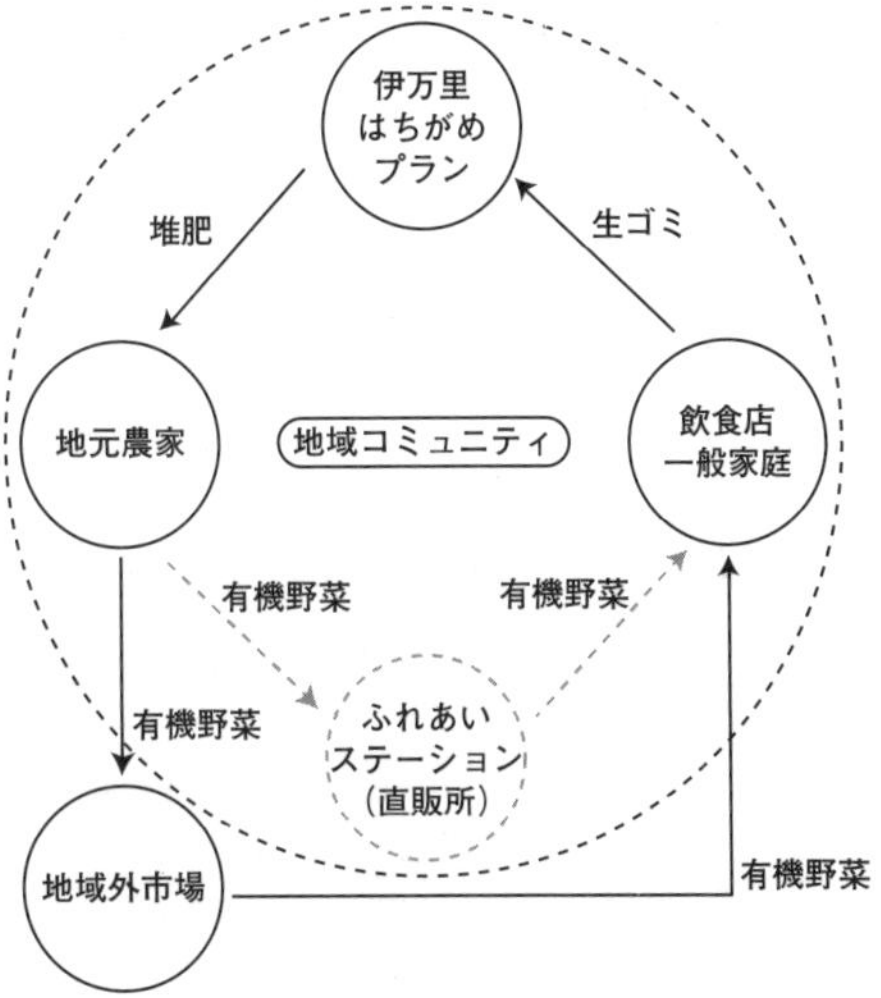

図３　地域通貨未導入の場合の循環図

(出典) 筆者作成

が、生産された農産物をどこに出荷するかは原則的に農家の自由ですから、住民が購入できる可能性は高いとは言えません。「循環型社会形成」をうたって、地域のゴミの資源化を実施しても、鮮度が重要視される農産物は不特定多数の買い手とすぐに結びつける地域外の市場へまず出ていき、図３のように地域コミュニティ内で完全に輪が閉じることはありません。つまるところ、それは、農家と消費者を結びつける「市場」が地域コミュニティにないからでしょう。

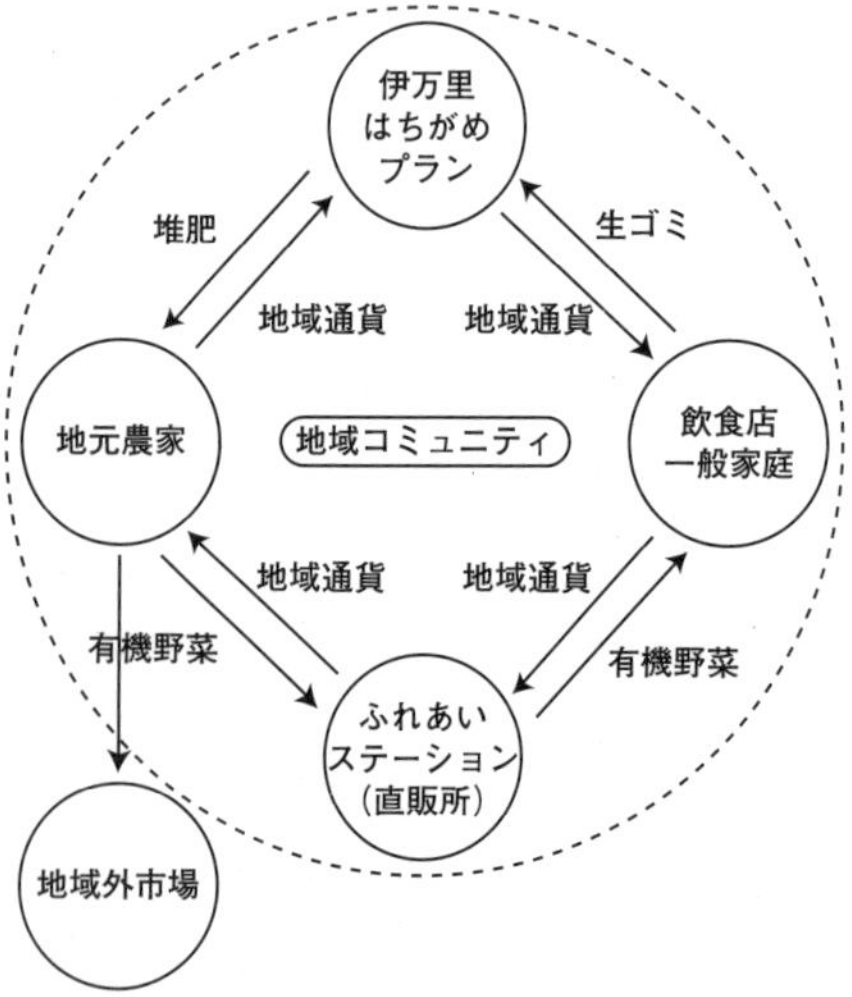

図４　地域通貨導入済みの場合の循環図

（出典）筆者作成

しかしながら、図４のようにＮＰＯが、生ゴミ回収の対価として地域通貨を支払い、一方で生産した堆肥を地域通貨で販売することで、その輪を閉じることができます。農家は堆肥を得るために、地域の「市場」で農産物を販売し、地域通貨を得る必要があるからです。地域通貨を介在させることで、消費者と農家の循環を「意識」的に作り出し、地域に「市場」を作り出しています。この場合の地域通貨は、モノの流れを管理するタグが付いたお金と言えます。そのため、この仕組みについて参加者に感想を尋ねると「地域通貨で買った野菜をまた生ゴミとして捨てるときに〝つながり〟を感じ、感激した」という意見がしばしば聞かれます。

この仕組みに一般家庭が参加することは、生ゴミを分別するという手間が日々生じる一方で地域通貨を取得できるのですが、その地域通貨は発行すれば自動的に価値が発生しているものではありません。一般家庭から見れば、農産物を産出する農家が存在することで、受け取った地域通貨に価値が発生し、農家から見れば、生ゴミを排出する一般家庭が存在し、それが堆肥化されることで、受け取った地域通貨に価値が発生することになります。一般家庭は、生ゴミを燃やさず資源化するという利他行動に対して直接は返報されませんが、手に入れた地域通貨によってまわりまわって別の他者から返報されていると言えるでしょう。

そして、現在のところ日本円が媒介する市場経済では財として評価されない地域の眠った「ゴミ」を、新たに価値付けし、地域内で資源として循環させ、地域通貨が媒介する市場を形成していくという「つながり」を制度全体から見いだすことができます。ちなみに比較的よく似た取り組みが、日本の有機農業のメッカとも言える埼玉県小川町でも行われています。

4. コモンズとしての地域通貨

市場経済＝日本円の経済が社会の隅々までほぼ浸透しつくし、貨幣で買えないものはないと豪語する人物が出てくるような世の中で、地域コミュニティが大きな変貌ないしは解体に直面しているのは周知の通りです。エントロピー経済学者の多辺田政弘さんが『コモンズの経済学』（学陽書房、一九九〇年）などで指摘している通り、土地の私有化と労働力の商品化、さらに言えば社会関係の商品化が無批判かつ極端に進み、生態系に根ざす本来の地域コミュニティの持つ自給・自治領域が著しく狭まってしまいました。

地域資源という多くの無償だった富、おいしい水や空気、海の幸山の幸、美しい景観などが、貨幣を持たなければ取得が困難になりつつあります。このような資源は、伝統的には市場的な機構ではないコモンズという制度、つまり顔の見える人のつながりを通じて持続的に維持、管理、利用されてきました。

今、取り組まれている地域通貨は、市場経済が駆逐したり、大きく有り様を変質させたりした地域コミュニティの基礎たる人と人の関係を紡ぎ直そうとしたものです。地域通貨のコミュニティに参加するということは、モノやサービスの交換を通して今まで知り合うことのなかった人々とのコミュニケーションを発生させ、すでに制度化されている組織や集団を超えたり、すり抜けたりするような関係のネットワークに入ることになります。ただ、そこには、私利の追求という人の利己心の否定や「脱市場」という概念は存在せず、利己的な諸個人であっても利己的な他の諸個人と相互に協力することが自己の利益にかなうという概念、言うなれば互酬的な概念が根底に流れているのです。

貨幣も一つの地域資源を維持、管理、利用するための制度、すなわちコモンズと見なして、地域コミュニティが関わりを持っていき、市場経済と接点を持ちつつ、地域コミュニティの基層をどのように「自ら」が強化していくのかを試行しているのが、今の地域通貨の有り様でしょう。地域通貨が地域コミュニティの問題を一掃してくれるわけではなく、十全に機能していない地域通貨も多々ありますが、中央銀行発行の貨幣のあり方と対峙した私たちの貨幣を持つことが、エコロジー的にも地域経済的にも持続可能な方向へ歩むための方策の一つになる可能性は十分にあります。

注

（1）二〇〇五年からはインターネット上でピーナッツのやりとりができる電子版ピーナッツが始まっています。現在では、通帳よりもインターネット上でやりとりをする参加者の方が多くなっています。

（2）各々の時点で明らかに休止や中止を名乗っておらず、地域通貨を用いた取引が約半年以内に確認できたものを稼働中と定義づけています。その確認方法は、運営団体への電話もしくは電子メール、ホームページでの個別確認を主として、半年以内の調査に基づいた報告書や新聞記事等による間接的確認も用いました。調査項目は、①地域通貨名、②事務局所在地、③発行主体、④価値基準、⑤システム、⑥その他です。

（3）レインボープランは、一九九七年より始まった市主導の生ゴミ堆肥化事業です。長井市約九、八〇〇世帯のうち市街地の五、〇〇〇世帯ほどが参加しています。レインボープランのＨＰ（http://lavo.jp/rainbow/）によれば、事業開始前と比較して生活系可燃ゴミを三七パーセント減量化させ、生産された堆肥はＪＡ山形おきたま農協を通し市内の農家や市民等に販売されているそうです。また、レインボープランの堆肥を用いて化学肥料や農薬を抑制した農産物には独自の農産物認証制度を適用し、その農産物の一部は地元のＪＡの直売所や市民市場で販売されています。

7章

街には、マーケティングがあふれている

熊倉広志

生活することは消費すること

私たちは毎日、様々な製品やサービスを消費しています。そして、その大半は、企業によって提供されます。一方、現代社会においては、モノ余りが指摘されているため、企業経営においては、顧客や社会の求めにいかに対応するかが重要となります。こうした企業活動は、マーケティングとよばれています。マーケティングは、社会の隅々にまで浸透し、私たちの消費生活を支えています。このため、マーケティングを理解することは、現代社会をより深く理解し、生活をより豊かにすることに役立ちます。

マーケティング　売らずに売れる

マーケティングとは「売り込み」であると、誤解されることが少なくありません。むしろ、マーケティングとは売り込みを不要にするための諸活動です。企業が顧客に製品（製品には、有形財のみならず無形財であるサービスも含まれます）を売り込むのではなく、顧客が自ら進んで製品を購買し消費し満足してくれる仕組み、つまり「売れる」仕組みを作ることです。これは企業の一方的な都合ではなく、顧客の視点や立場に依拠しなければなりません。顧客の思考・感情や行動を理解し、顧客が真に望むものを具現化することによって、顧客自らが進んで購買・消費するようになります。

右側の法則

売れる仕組みの具体例として、製品の陳列方法が挙げられます。たとえば、スーパーの精肉売場を考えてみましょう。小田急線向ヶ丘遊園駅前に、食品スーパーL社があります。一階奥に牛肉売場があり、その左に豚肉売場、さらにその左に鶏肉売場があります。つまり、右から順に牛肉売場、豚肉売場、鶏肉売場です。一方、平均価格は高い順に、一般に牛肉、豚肉、鶏肉です。すなわち、平均価格が高い製品カテゴリーの売場ほど右側にあります。

さらに、同じ製品カテゴリーであっても、高価格な製品ほど右側に陳列されています。たとえば、この店舗では、「国内産牛ロースステーキ」（百グラム当たり五〇〇円、二〇〇六年十一月六日調べ）は牛肉売場の右側に、「国内産牛黒毛和牛カレー用」（同三四〇円）は中央に、「オーストラリア産牛肉カレー用」（同一九八円）は左側に陳列されています。同じく、豚肉売場では、「鹿児島黒豚肩ロース切り落し」(同三〇八円)は右側に、「国内産豚ロース切身」(同二〇八円)は左側に、鶏肉売場では、「岩手県産奥羽赤鶏ささみ」(同一七八円)は右側に、「国内産若鶏ささみ」(同一三八円)は左側に陳列されています。

以上をまとめると、平均価格は、

牛肉>豚肉>鶏肉

です。一方、売場は右から左に

牛肉−豚肉−鶏肉

です。さらに、同じ製品カテゴリー(たとえば、牛肉)であっても、高価なものが右側に陳列されています

同様に、牛乳売場では、最も右側に「森永のおいしい牛乳」(一リットル入り二〇八円)が陳列され、その左に「南那須牛乳」(同一九八円)、さらにその左に「栃木の恵み牛乳」(同一六八円)が並べられています。

なぜ高価な製品が右側に、廉価な製品が左側に陳列されているのでしょうか。これは、人は右側にある製品のほうが手に取りやすいためです。この結果、同じ製品であ

るならば、右側に陳列された場合、左側に比べ売上は一・五倍から二・〇倍大です（人槻、一九八六）。このため、より高価格な製品（高価格であるほど利益額が大となる傾向にあります）を右側に陳列することによって、企業からの働きかけなしに、顧客自らが進んで高価格な製品、すなわち企業が販売したい製品を購買してくれるようになります。まさに売れる仕組みです。

なお、顧客が右側の製品を手に取る傾向にある理由として、左手に買い物かごを持ち、利き腕である右手で製品を取るためとする考え方と、目線が左から右に流れ、右で停止するためとする考え方があります。

同様の現象は、陳列棚における上下の位置についても観察できます。日本人女性の平均身長を一五四センチとすると、目線の高さは一四〇センチ、自然状態では視線は目線より下で、手の位置はさらに下なので、製品を最も取りやすい高さは七五～一二〇センチです（この位置をゴールデンラインとよびます）（佐川、一九九二）。このため、ゴールデンラインに製品を陳列することにより、顧客は（他の製品に比べ）その製品を購買するようになります。

なお、陳列位置によって購買量が異なる背景として、顧客の非計画購買率の高さを指摘できます。顧客がスーパーマーケットに来店するとき、どの製品カテゴリー（たとえば、牛乳）を購買するかをあらかじめ決定している割合（カテゴリー計画）や、どの製品（たとえば、「森永のおいしい牛乳」）を購買するかを予め決定している割合（アイテム計画）は相当に小です。たとえば、トイレタリーの場合、購買者全体のうち、購買する製品カテゴリーをあらかじめ決定していたのは三〇％、購買するブランドまであらかじめ決定していたのはわずか五・二％に過ぎないとの調査結果がありま す（佐川、一九九二）。顧客の大半は、どの製品を購買するかを事前には決定していないため、製品を見やすい位置、取りやすい位置に陳列することにより、顧客が特定の製品を自ら進んで購買するようになるのです。来店後に店頭で購買する製品を決定する、左側より右側、目線よりやや下に陳列された製品を手に取る傾向にあるなど、顧客行動に注目することにより、企業が顧客に対して特定の製品を購買してくれるよう働きかけることなしに、顧客は自ら進んでその製品を購買してくれるのです。マーケティングの本質は、こうした仕組み――売る仕組みではなく売れる仕組み――作りにあります。すなわち、「販売」を不要にすることにあると言われています。

コンビニエンス・ストアにおける売れる仕組み

コンビニエンス・ストア（ＣＶＳ）における売れる仕組みのひとつとして、製品カテゴリーの売場配置が挙げられます。近所のＣＶＳを思い浮かべてみて下さい（図１）。入口から見て正面には（必ず！）弁当売場があります。弁当はＣＶＳの看板商材であり、他ＣＶＳチェーンとの差別化の源泉のひとつです。弁当は、売上額・利益率が高くＣＶＳにとって魅力的な製品である一方、賞味期限が短いため早期に売り切る必要があります。そこで、来店客が最も視認しやすい入口正面に弁当を配置します。陳列棚におけるゴールデンラインと同様、顧客の手にとって欲しい製品は、最も目につく場所に陳列するのです。

弁当売場の横は、（必ず！）飲料・デザート売場です。弁当を購買する顧客に飲み物を、さらに食後のデザートを購買してもらうよう（関連購買）、補完性の高い製品を隣接して陳列します。関連購買を喚起する同様の試みとして、アルコール飲料売場におつまみ・スナック、ヨーグルト売場にヨーグルト用シロップ、白菜売場に漬物の素を陳列することなどが挙げられます。

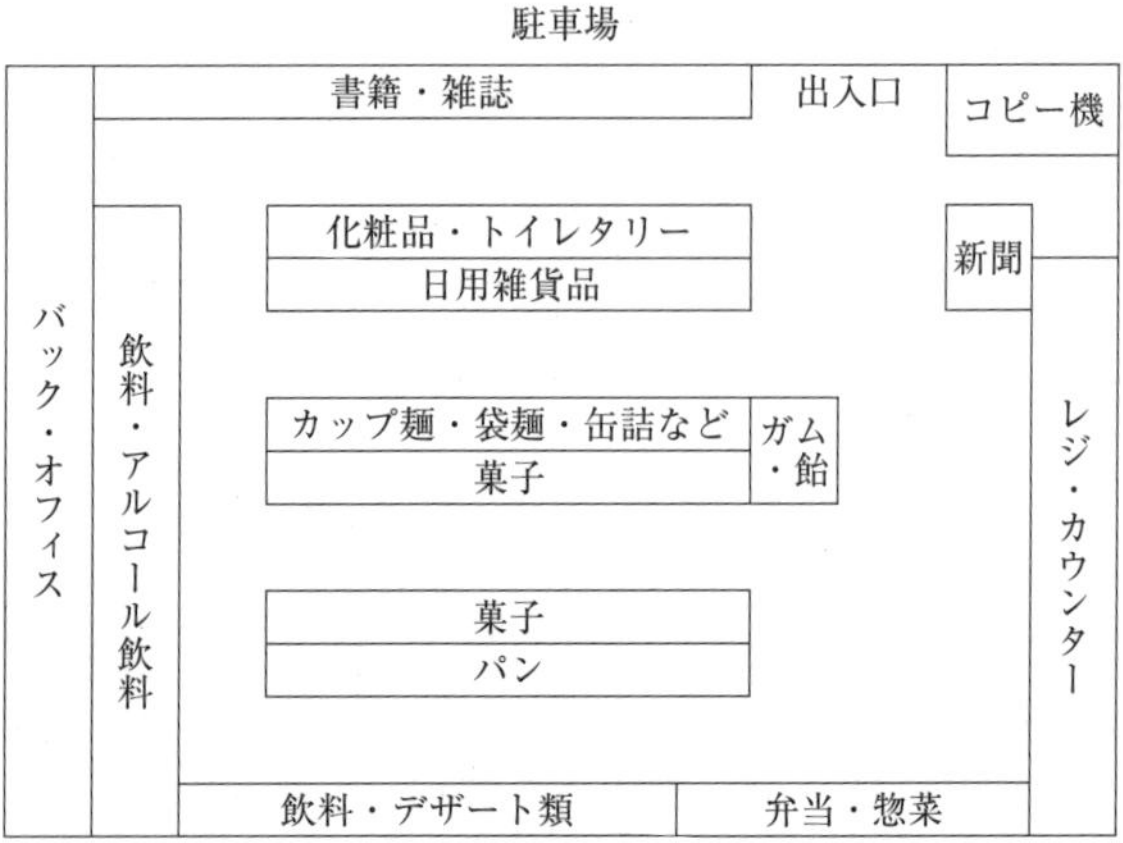

図１　CVSのレイアウト例

出入口とレジとの間には、新聞スタンドが設置されます。これは、朝、出勤前に時間に余裕のない会社員が、新聞をすぐに購買できるようにするためです。一方、レジの正面や横には、飴・ガムなどの百円程度の菓子が陳列されます。顧客がレジに並んで手持ち無沙汰のとき、小額で保存がきく製品を目にし衝動買いすることを期待しています。菓子以外では、カミソリ・乾電池などが陳列されます。スーパーのレジ横にも同様の意図で、保存可能な小額品が陳列されます。

　ＣＶＳの出入口の横壁面は大きなガラス張りになっており、外部からＣＶＳ内部を覗くことができます。そして、このガラスに沿って書籍・雑誌が並び、それらを立ち読みしている顧客を、店外から見ることができます。人は閑散としている店舗より、来店客で賑わっている店舗を選択する傾向にあります（群集心理、繁盛している店ほど、さらに繁盛する！）。そこで、外部から見えるガラスに沿って雑誌売場を配置することにより、店内には多くの来店客（立ち読みしている顧客）がいるように外部に見せることができます。これにより、新たな顧客の来店を促そうとします。立ち読みといえども、CVSに多少は貢献しているのです（ただし、立ち読みに際しては節度を忘れずに）。同様の試みは、ファミリーレストランでも観察できます。来店客は窓際の席から案内されます。

そして、雑誌売場に隣接して化粧品・トイレタリー製品の売場が配置されています。これは、雑誌と化粧品・トイレタリーとは関連性が高いことによります。女性向け雑誌に掲載される広告の多くは、化粧品・トイレタリーのそれです。そして、雑誌を立ち読みする顧客が、雑誌に掲載されている化粧品やトイレタリーの広告に接触し、それらに興味・関心を持ちます。このとき、雑誌売場のすぐ隣に陳列されている製品に接触することにより、化粧品・トイレタリーを購買することが期待できるのです。

雑誌の読み方・買い方・売り方

売れる仕組みとは、同時に「買える仕組み」です。顧客が自ら進んで、ゴールデンラインに陳列されている製品を購買するのは、顧客がそれらの製品を手に取ることが容易だからです。すなわち、買いやすいからです。

書店には多くの雑誌が並べられています。そして、雑誌は特定の発売日に定期的に発行されます。そこで、いつ発売すれば読者が買いやすいのか（出版社が売りやすいのか）を考えてみましょう。発売日には、読者の雑誌購買・閲読方法から導き出された「法則」があります。まず、女性向けファッション雑誌の発売日を考えます。女性向けファッション雑誌は、読者年齢などに応じて、女性ヤング誌（代表的雑誌であるＣａｎＣａｍの読者年齢の最頻値は二三歳：日本雑誌協会、二〇〇六）、女性ヤングアダルト誌（ｗｉｔｈは同じく二五歳）などに分類されます。女性ヤング誌に分類される主要な雑誌として、

・ＣａｎＣａｍ（小学館）
・ＪＪ（光文社）

・ＶｉＶｉ（講談社）
・ＪＵＮＯＮ（主婦と生活社）
・Ｒａｙ（主婦の友社）
・ｎｏｎ・ｎｏ（集英社）

などがあります。このうちｎｏｎ・ｎｏ（毎月五日、二〇日発売）を除けば、発売日はいずれも毎月二三日です。

また、女性ヤングアダルト誌に分類される主要な雑誌として、

・ｗｉｔｈ（講談社）
・ＭＯＲＥ（集英社）
・25ａｎｓ（アシェット婦人画報社）
・ＥＬＬＥ ＪＡＰＯＮ（アシェット婦人画報社）
・ＣＬＡＳＳＹ（光文社）
・ＭＩＳＳ（世界文化社）
・ＬＵＣｉ（扶桑社）

などがあります。発売日はいずれも毎月二八日です。すなわち、女性ヤング誌（毎月

二三日）または女性ヤングアダルト誌（毎月二八日）に分類される雑誌は、ごく一部を除いて発売日が全て同じです。

一方、コミック誌は読者年齢に応じて、少年コミック誌（代表的雑誌である週刊少年ジャンプの読者年齢の最頻値は一二—一四歳：日本雑誌協会、二〇〇六）、ヤングコミック誌などに分類されます。主要な少年コミック誌の発売日は、以下の通りです。

・月曜日：週刊少年ジャンプ（集英社）
・水曜日：週刊少年マガジン（講談社）、週刊少年サンデー（小学館）
・木曜日：週刊少年チャンピオン（秋田書店）

女性向けファッション誌とは異なり、発売日が同一であるということはないようです。また、男性向け雑誌のうち、政治・経済・社会などに関する幅広い時事問題を扱う週刊誌として、総合週刊誌があります。主要な総合週刊誌の発売日は以下の通りです。

・月曜日：Yomiuri Weekly（読売新聞社）、AERA（朝日新聞社）
・火曜日：週刊朝日（朝日新聞社）、サンデー毎日（毎日新聞社）
・木曜日：週刊新潮（新潮社）、週刊文春（文芸春秋）

総合週刊誌も、雑誌によって発売日が異なっています（少なくとも特定の曜日に集中することはありません)。

女性ヤング誌・女性ヤングアダルト誌の発売日はごく一部の例外を除いて同一である一方、少年コミック誌・総合週刊誌の発売日は異なっています。この理由は、読者の雑誌の買い方・読み方にあります。

少年コミック誌における閲読・購買の特徴として、連続もののコミックが大半であるため固定読者が多いことが挙げられます(読者は同一雑誌を継続的に購買・閲読します)。読者は通学・通勤時に書店やコンビニエンス・ストアなどに立ち寄り、コミック誌を購買します。このとき、場合によっては、毎日異なるコミック誌を購買し、学校や職場で友人と回し読みします。コミック誌ごとに発売日を変えることにより、読者は少ない(一日当たりの)経済的負担で、毎日、コミック誌を楽しむことができます。すなわち、読者の読み方・買い方(発売日にお気に入りのコミック誌を読みたい、多くのコミック誌を読みたい)を考えるとき、コミック誌ごとに発売日を変えることにより、より買いやすくなるのです。

総合週刊誌において雑誌ごとに発売日が異なる理由は、コミック誌と同様です。すなわち、総合週刊誌も連続ものの記事が多く、固定読者比率が高くなっています。なお、発売日を変えることは、企業にとっても有益です。すなわち、発売日を変えることにより、競合するコミック誌に読者を取られる危険性が減少すること、コミック誌は、一部当たりの嵩《かさ》が大であるため、特定の日に発売が集中すると書店の店頭スペースが不足する危険性があることなどです。

一方、女性向けファッション誌は、連続ものの記事が少なく、毎号、新たな特集が組まれます。そして、固定読者比率は高くはありません。読者は店頭で雑誌の特集を確認し、特集の内容に応じて雑誌を選択します。そして、読者が店頭で複数の雑誌を読み比べてから、自分が最も興味のある特集を展開している雑誌を選択するためには、発売日を同一にする必要があります。この結果、女性ファッション誌の発売日は、同一なのです。なお、女性ヤング誌と女性ヤングアダルト誌とでは対象読者が異なるため、両者間では発売日は異なります。

無論、発売日が雑誌ジャンルで同一であるか雑誌ごとに異なるかは、雑誌が男性向けであるか女性向けであるかとは無関係です。たとえば、男性読者が主である自動車・オートバイ誌であるＮＡＶＩ（二玄社）とＥＮＧＩＮＥ（新潮社）の発売日は、いずれも毎月二六日です。これは、両雑誌の対象読者が類似していること、特集記事が中心の誌面構成であることなど、女性向けファッション誌と似た特徴を有しているからです。

マーケティング能力を高める

本章を読んで、マーケティングに興味を持ってくれた読者も少しはいると思います。そこで、最後に、マーケティング能力を高める方法をご紹介します。そのひとつが、現象の観察と解釈です。すなわち、顧客の行動を観察すること（たとえば、顧客が陳列棚から製品を右手で取ることを発見する）、企業の行動を観察すること（たとえば、右側に高価格な製品が陳列されていることを発見する）、そしてそれらを自分なりに解釈することです。

筆者がかつて勤務していた広告会社のある役員は、マーケティング能力を高める方法として、広告を観察することにより製品のベネフィットを解釈すること、売場を観察することにより製品のポジショニングを解釈することなどを挙げています。ベネフィットとは、製品が提供する価値を指します。たとえば、歯磨きのベネフィットは、虫歯予防、歯槽膿漏予防、口臭予防、歯の美白などです。また、ポジショニングとは、他の製品と比較したときの当該製品の差別的優位性をいいます。たとえば、VISAカードのポジショニングは利便性であり（世界中の多くの店舗で使用できる）、一方、ダイナースクラブカードのポジショニングはステータスです（他のカードより審査が厳しいので、社会的地位の高い会員が多い）。

テレビ広告、最も高価な映像作品

マーケティング能力を高める機会は、日常のいたるところにあります。何気なく視聴しているテレビ広告は、マーケティング能力を高めるための重要な素材です。そこで、テレビ広告の「観察と解釈」に際して、どのような点に注目したらよいかを考えてみましょう。

テレビ広告の制作には、多額の費用がかかります。数百万円で制作することも可能ですが、一億円以上かかる場合もあります。全国ネットで放映されるテレビ広告の場合、制作費は概ね数千万円です。たとえば、三千万円かかったとすると、テレビ広告は通常十五秒なので、秒当たりの費用は二百万円です。二時間の超大作（？）テレビ広告を作ると、制作費は一四四億円にものぼります。ハリウッド映画でさえ、製作費の平均は五二七〇万ドル（一九九八年）なので、日本円で六十億円程度です。テレビ広告は、時間当たりの制作費では超ハリウッド級です。

高額な制作費を費やしたテレビ広告ですから、優れた映像作品でないはずがありません（と信じたいですね）。十五秒というごく限られた時間の中で、メッセージを効果的かつ効率的に伝達するために、無駄を徹底的に排除します。ナレーション、コピー、タレント、背景などテレビ広告に登場する全ての要素が、明確な意味を持ちます。

以前、広告会社に勤務していたとき、ある乳業会社（K乳業としましょう）のコンペティションに参加したことがあります。コンペティションとは、複数の広告会社が広告案を提案し、その内容を競うものです。最も優れた提案を行った広告会社が、仕事を受注できます。K乳業は、日本で初めての牧場を岩手県に作った伝統ある企業です。コンペティションでは、別のある広告会社が伝統をテーマとするテレビ広告を提案しました。それは、若く清楚な着物姿の女性が「（私の家では）父の代からK乳業です」と述べるというものでした。この提案に対しK乳業の幹部は、「父より、祖父のほうがいい」と言ったとのことでした。それを聞いた若き日の筆者が、父でも祖父でも同じだろう……と漏らしたところ、上司から大目玉をくらいました。「伝統を訴求するならば、父ではなく祖父と表現すべきある」と。広告においては、一字一句が意味を持ち、無駄な表現は一切ありません。

冗漫や無駄を排することは、時として、理解の難しさにつながります。よく練られた広告は、相応の知識や準備を視聴者に要求します。世界有数の自動車メーカーであるT社が、南米で放映した広告は、次のようなものでした。画面には、シートベルトをしめた、恐らくは若い女性の首から下、上半身だけが映っています。画面は、そのままです。さらに、画面はそのままです。そして、広告が終了します。ただ、よくよく注意すると、薄着した女性の胸元には、乳首らしきものが微かに透けており、それが時間とともに心なしかやや大きくなっていきます。ただそれだけの広告です。T社は何を表現したかったのでしょうか。暑い南米でもよく効くエアコン、ひいてはクルマの快適性を伝えたかったのです。

企業には、独自の社風ないし企業文化があります。その個性はテレビ広告にも反映されます。たとえば、業界トップであるビールメーカーには、多くの秀才が集います。同社のテレビ広告は、広告の文法によくのっとり、冷えたグラスの清涼感、注がれるビールの躍動感と質感、クリーミーな泡など、ビールのシズル（sizzle＝おいしさ）

を巧みに表現しています。秀才たちが作るテレビ広告は、常に平均点以上の出来栄えです。

一方、型にはまらぬ社風で知られる関西の飲料メーカーが作るテレビ広告は、出来不出来のバラツキが大きいようです。傑出したテレビ広告で数々の広告賞を受賞する一方、首をかしげたくなるテレビ広告も散見されます。テレビ広告を見ていると、その企業の文化・社風が感じられます。

普段、何気なく視聴しているテレビ広告。でも、ちょっと注意して観察すると、多くの発見があります。そして、自分なりに解釈してみましょう。そのとき皆さんは、優れたマーケティング専門家への第一歩を歩みだしているのです。

引用文献

大槻博『店頭マーケティング』中央経済社、一九八六年
佐川幸三郎『新しいマーケティングの実際』プレジデント社、一九九二年
日本雑誌協会　http://www.j-magazine.or.jp/、二〇〇六年一〇月二二日アクセス

第3部 ビジネス

8章

これからのベンチャー企業

加藤茂夫

ベンチャー企業とは何か

「ベンチャー企業」という言葉がいたるところに見かけられるようになって久しいけれど、それは何かを簡単に見よう。ベンチャー企業（Venture Business）は、和製英語であり、元専修大学中村秀一郎教授（多摩大学名誉学長）らが一九七〇年頃から使用され始めました。欧米ではNew Technology Company, New technologically-based Firm, New Venture, Venture Operation, New Venture Company, New Business Venture, Small Business Ventureと呼ばれています。筆者は一九九五年にベンチャー企業を「新しい技術、新しい市場の開拓（新製品・新サービスの提供）を志向したベンチャースピリット（創造的で進取な心をもち、リスクに果敢に挑戦する意欲と責任感・倫理観を持つ心の様相―企業家精神）に富んだ経営者にリードされる中小企業である」と考えました。創業ほやほやの若い企業だけではなく、例えば三〇年、一〇〇年の伝統のある中小企業も元気で、新規性のあるサービス、商品で世の中に貢献している場合は、「ベンチャー企業」と考えています。

ベンチャースピリットの大切さ

ベンチャー企業の成長発展に欠かせない中核的要素がベンチャースピリットです。それは企業の経営者だけではなく、私たちが日常生活の中においても生きる力、希望、勇気を与えてくれる精神的支柱がベンチャースピリットなのです。それは何かを成し遂げようという志であり、目標です。その程度や大きさは問いません。その人自身が掲げる有意義な目標であるのです。その目標に向かって挑戦する、チャレンジする気概がベンチャースピリットなのです。途中であきらめない、へこたれないで最後まで頑張ることをさすのです。そのように考えると周囲を見渡すと実に多くの事例を目の当たりにします。年齢に関係なく思い立った時が吉日なのです。二〇〇七年夏、専修大学経営研究所で中国視察に出かけました。鎮江市を中心に工場見学、そして唐招提寺を建立した鑑真《がんじん》和尚の揚州市大明寺を訪問しました。そのお寺に、鑑真和尚が五〇代半ばで日本行きを決意し、一〇年間の苦難の末、日本にたどり着いたとの解説が記されていました。高い志と勇気と苦難を乗り越える気概が成功に導いたといえます。年齢には関係ないのです。ノーベル賞受賞者のベンチャースピリットに、また、専修大学創立者の若き青年四名の高い志に敬服しますし、小学生が必死になってあることに取り組んでいることを目の当たりにしてそのパワーを持続してほしいと思うと同時にそのベンチャースピリットをどこかの角に追いやってしまう状況や構造に心を痛めます。

今日の大企業はほとんどベンチャー企業からの出発

創業当初の多くの小さな企業は、ユニークな商品やサービスを提供することによって、世の中に貢献したい、という高い志（ベンチャースピリット）を持っているのです。例えば、これから述べます「ベンチャースピリットを兼ね備えた大企業」のソニーやパナソニック株式会社（松下電器産業を社名変更）、トヨタ、ホンダ、キヤノン、ヤマト運輸、任天堂等は、長い歴史と伝統を有しており、今日、世界的なグローバル企業として成長しています。これらの企業も創業当初は、ここでいう「ベンチャー企業」として出発しているのです。また、コンビニ、コーヒーショップ、一〇〇円ショップ、ブックオフ、ヤフー、楽天、ネット証券等のように製造業で先端的な研究開発の企業だけではなく、小売業やサービス業、ＩＴ関連企業にもユニークで面白い企業群が多数輩出しています。例えば、㈱イポカｉｐｏｃａ（本社東京都港区、代表取締役社長一之瀬卓、専修大学経営学部卒）は青物横丁商店街振興組合（所在東京都品川区、理事長堀江新三）と提携して商店街活性化を目的として携帯ＣＲＭシステム「あおよこ　タッチャン」を開発して、「IT Japan Award 2008」準グランプリを受賞しました。経済産業大臣賞のグランプリは松下電器産業（現パナソニック）、他の準グランプリはカシオ計算機、大成建設、百五銀行、特別賞はシャープ、セガといった大企業です。イポカは従業員数名の小さな企業ですが堂々と立派な賞を受賞しました。又、Ｊリーグの柏レイソルとの提携により地域活性化を目指している。

企業不祥事と倫理観

もう一つ重要なことはベンチャー企業の定義の中にあります倫理の問題です。多くの研究者のベンチャー企業定義にはほとんど入っていないのですが、私は敢えて入れました。ベンチャースピリットの根幹を成すものとして倫理観は必要欠くべからざる要素であるからです。つまり社会経済の健全な発展は信義を重んじることにより成立するのです。法律ですべてをコントロールできないことは当然です。行動に先立って何が善で何が悪かを経営者や多くの人々は考えるべきでしょう。それも前向きに考え、実践しなければなりません。環境にやさしい商品つくりやサービスの提供が問われています。古い言い方ですが、「右手にそろばん（利益）、左手に論語（倫理観・道徳観）」の重層的思考が必要です。効率重視偏重主義を是正すべきです。食品の賞味期限改ざん、事故米の食用転換、産地偽装、内容物の偽装等今日の不祥事は一にかかって経営者自身の心の問題です。企業不祥事が頻発する中で倫理の問題を今一度考えるべきでしょう。

これからのベンチャー企業が進むべき道――バルーン型組織への誘い

図1は、ベンチャー企業の位置づけと企業が今後進むべき方向性を示したものです。縦軸は、ベンチャースピリットの高さの程度を、また、横軸に企業のサイズ・規模の大小を置き、極めてシンプルですが四つのセルを設け、企業の位置を見ます。

つまり、ベンチャースピリットが低く、企業の規模が小さい場合は「4．普通の中小企業」、逆にベンチャースピリットが高い場合は「1．ベンチャー企業」と命名することにします。また、ベンチャースピリットは低いが大企業である場合は、「3．普通

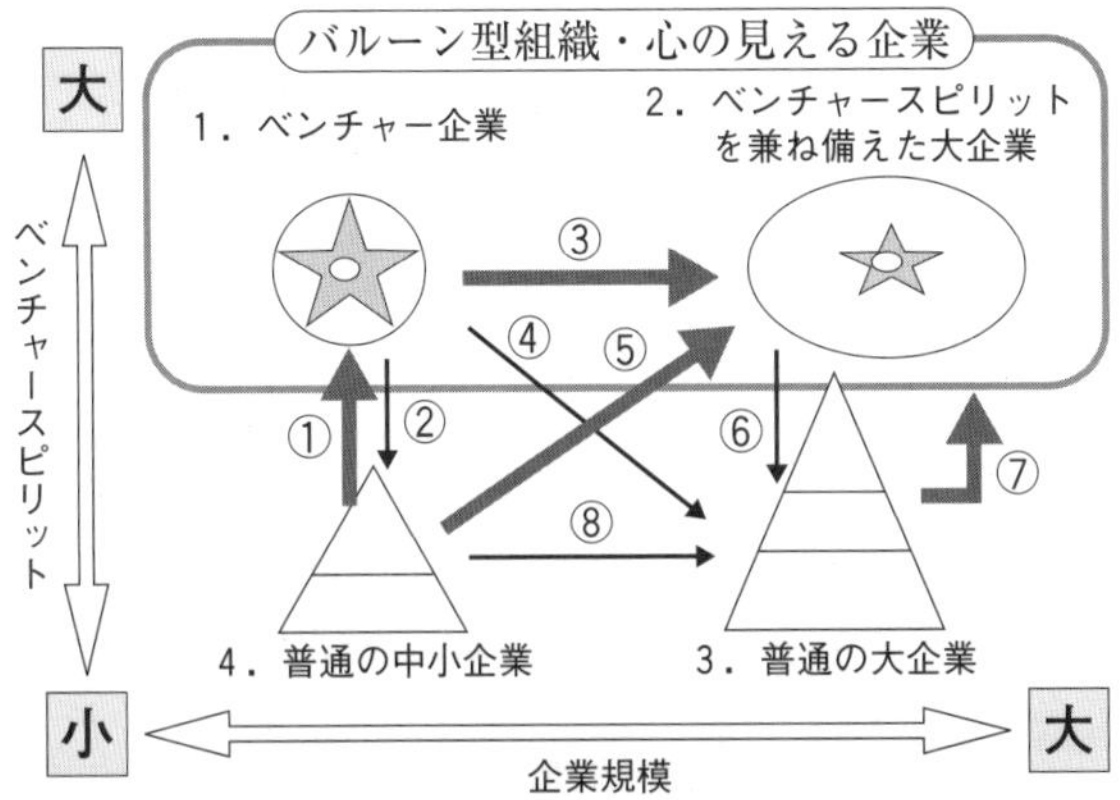

図1　ベンチャー企業とバルーン型組織

の大企業」、また、大企業でベンチャースピリットを高く持っている企業を「2.ベンチャースピリットを兼ね備えた大企業」と名前をつけました。この「2.ベンチャースピリットを兼ね備えた大企業」は一般的にビジョナリーカンパニー、エクセレント・カンパニー、グレート・カンパニー等と呼ばれています。組織が進むべき道筋は①から⑧までの方向がありますが、理想は奇数の①、③、⑤、⑦といえましょう。

　また、図にある「1.ベンチャー企業」と「2.ベンチャースピリットを兼ね備えた大企業」を囲んでいる領域を「バルーン型組織」と命名しました。「バルーン型組織（The Balloon-Shaped Organization・

BSO)」は「組織の規模に関係なく、経営者やリーダーがベンチャースピリットを常に持ち続け、その思想や考え方を組織メンバーに浸透させていること。また、業界や社会に貢献していることが広く認知され、常に高い目標に向かって業務遂行をしている組織」です。国や地方行政組織、地域社会、スポーツのチーム、家庭、学校、企業、NGO、NPO等多くの共同体はまさにバルーン型組織を目指してほしい、と考えています。ベンチャースピリットは先述したように何も企業経営者のみならず家庭を預かる主婦にも小学生にも当てはまります。

さて、筆者が行ったベンチャー企業調査(二〇〇四年『日経ベンチャー企業年鑑』に収録されている中小企業一三六一社を対象とした。回答企業数、二四二社)の概略をかいつまんで見ますと、現在の自社のポジショニングを「4.普通の中小企業」とした企業が八三社(四二・三%)、「1.ベンチャー企業」とした企業が七八社(三九・八%)との回答が得られました。続いて「2.ベンチャースピリットを兼ね備えた大企業」が二六社(一三・三%)、「3.普通の大企業」が九社(四・六%)となっています。

では、将来向かうべき方向としてどのように回答しているかですが、図1の①の方向、つまり「4．普通の中小企業」から「1．ベンチャー企業」への方向を目指すと回答した企業は五六社（二五・八％）となっていました。また、③つまり「1．ベンチャー企業」から「2．ベンチャースピリットを兼ね備えた大企業」への道を進もうとする企業は、五五社（二五・三％）と回答企業の四分の一を超えています。この二つの方向を見ると回答企業の五割を超え、また、⑤を目指す企業、つまり、「4．普通の中小企業」から「2．ベンチャースピリットを兼ね備えた大企業」へと飛躍的に成長・発展し、現在の姿から脱皮しようとする企業の割合も四六社（二一・二％）となっています。①プラス③プラス⑤で七〇％を占め、回答企業の多くがベンチャースピリットを高く持ち、高い目標に向かってバルーン型組織経営をしていこうとする健全な姿が読み取れます（現在のポジションと今後の方向性に回答した企業数は異なる）。

脱ベンチャー企業の例

ベンチャー企業は、以上のようにアントレプレナー（企業家、起業家）にリードされる中小企業として考えます。創業まもない企業から、歴史は古いが社長交代等によって新しい発想で経営を展開し、上述した定義に当てはまる企業もここではベンチャー企業として考えます。例えば、任天堂（一八八九年創業）は、ファミコンの発売（一九八三年）によって世界のＮＩＮＴＥＮＤＯとなったことは好例です。日本で初めての花札、トランプのゲーム事業により「１．ベンチャー企業」をスタートさせるが残念ながら「４．普通の中小企業」になってしまいます。しかし、三代目山内溥社長に交代し、今までの考え方を変化させ（パラダイムシフト）、ファミコンの開発、販売を契機に①の方向、つまり「４．普通の中小企業」から「１．ベンチャー企業」へ変身し、現在は「２．ベンチャースピリットを兼ね備えた大企業」、世界のゲーム機メーカーとして名を馳せています。一九七〇年当時の企業規模は資本金一億円、売上高二〇億円、従業員数一〇〇名でしたが、二〇〇八年三月で資本金一〇〇億円、連結売上高一兆六七〇〇億円、従業員数単体一四六五名（連結三七六八名）となっています。二〇〇四年一二月には新携帯型ゲーム機ニンテンドーＤＳを、二〇〇六年七月にはＤＳライトを、一二月にはＷｉｉのゲーム機を二〇〇八年一一月にはニンテンドーＤＳｉを新発売し、一家に一台から一人一台へと更なる躍進を遂げています。

また、他の事例としてヤマト運輸を見ると、全国のトラック台数が二〇四台だった一九一九年、ヤマト運輸は銀座でトラック四台を保有する自動車輸送専門会社としてスタートします。創業者のアイデア、ベンチャースピリットで大躍進を果たし、創業一一年目には、日本初の路線事業を開始。数年後には関東一円に輸送ネットワークを作り上げ、路線トラック事業は大いに成長、発展しました（「1.ベンチャー企業」から「2.ベンチャースピリットを兼ね備えた大企業」へ）。一九六〇年代半ば以降、高速道路が次々に完成し、他社は長距離輸送にどんどん参入していくなかで、ヤマト運輸は市場の変化を見逃し、出遅れます。気付いた時にはすでに手遅れ、荷主は先発業者を利用。そんな時、七三年にオイルショックが発生。繁栄の道から一転し、経営危機がささやかれる会社になってしまいました。このように経営環境の変化についていけず「3.普通の大企業」となりました。二代目の小倉昌男はそれまで業界の常識だった「小口荷物は、集荷・配達に手間がかかり採算が合わない。小さな荷物を何度も運ぶより、大口の荷物を一度に運ぶ方が合理的で得」という理屈が誤りだと気付き、「小口の荷物の方が、一kg当たりの単価が高い。小口貨物をたくさん扱えば収入が多くなる」と確信し、七五年の夏「宅急便開発要項」を社内発表し、七六年に日本初となる宅急便の新サービスを開始しました。その後、スキー宅急便（一九八三年）、ゴルフ（一九八四年）、クール宅急便（一九八八年）、クロネコメール便（一九九七年）、インターネットでの取扱開始（二〇〇一年）、「オークション宅急便」「クロネコ国際メール便」（二〇〇六年）と次から次と新サービスの創造をしています。その間、多くの組織的困難を克服して、現在日本を代表する企業となりました。図1のベンチャー企業から出発して、③から⑥、⑥から⑦の経路を辿り、現在「2．ベンチャースピリットを兼ね備えた大企業」として、業界のリーダーとして君臨しています。

また、ヤマトグループのヤマト運輸株式会社と財団法人ヤマト福祉財団が実施する「障がい者のクロネコメール便配達事業」が、特定非営利活動法人ソーシャル・イノベーション・ジャパン主催・環境省後援の「ソーシャル・ビジネス・アワード２００８」において、「ソーシャル・ビジネス賞」優秀賞を受賞し、障害者の社会への参加を推進するのに大いに貢献しています（「ヤマト運輸ホームページ」より）。

なぜ今ベンチャーなのか

二十一世紀となった今日、第三次ベンチャー企業の隆盛時代です。一九七〇年代初頭の第一次ベンチャービジネスブーム、一九八〇年代の第二次ブームに次いでの到来だといわれています。確かに経済成長率の鈍化傾向は長期的様相を呈しており、円高は企業の国際競争力を殺いでいるし、市場の成熟化は企業の財務内容を悪化させています。企業の海外進出に拍車がかかり、産業の空洞化問題が浮上して、企業経営に対して大きなインパクトを投げかけています。日本経済は大きなターニングポイントを迎え、今まで産業をリードしてきた価値観である「規模の経済性――大量生産によるコストダウン戦略の推進によってマーケットシェアを拡大しようとすること」から、多様なニーズに対応する「範囲の経済性――顧客ニーズの多様化に対応する、例えば多品種少量生産」や、企業同志の様々な提携による「ネットワーク（連結）の経済性――組織間の連携」という考え方に重点が移行してきています。もちろん、これら三つのパラダイム（paradigm―その時代に共通に抱いている価値観）を融合し、最適な組み合わせが必要であることは言うまでもありません。価値を生み出す源泉はどこかということです。ホンダ自動車の創業者本田宗一郎はかつてさまざまな業界で革新をもたらしているのは「すべて小さい、新興企業」であると述べています。デジタルカメラのように既存のカメラメーカーのみならず家電業界その他からの参入に代表されるように業界の垣根が低くなってきています。ボーダレス化の進展です。新産業創出もまさに小さな新興企業であることは歴史が証明しています。自動車産業、ＩＴ産業、航空機産業、小売業等枚挙に暇がありません。

産業構造の転換期において様々な市場分野にベンチャー企業が参入し、経済の活性化の下支えとしての役割を担っているのは確かです。新規産業の育成と雇用の創出が期待されています。個人やベンチャー企業、既存の中小企業に対して国を始め多くの機関がベンチャー支援を行っています。しかし、考えてみるといつの時代においてもベンチャースピリットをもって企業を創業した起業家はいたわけで、この視点を忘れてはいけないと思います。

「バルーン型組織」と「心の見える企業」

筆者は以前から二十一世紀に存続・成長・発展する企業の条件は、大企業も中小企業もベンチャースピリットを組織や個人にどのように浸透させるかであると考えます。図1にある先述した「バルーン型組織」と同じ領域に存在する「心の見える企業」はコミュニケーションが十分に行われており、従業員と同じ高さ・目線でもって共に話し合いができる組織であり、経営内容をオープンにガラス張りにして納得と理解が得られる組織です。どのようにして構築するかです。それには、企業を『小さな組織』

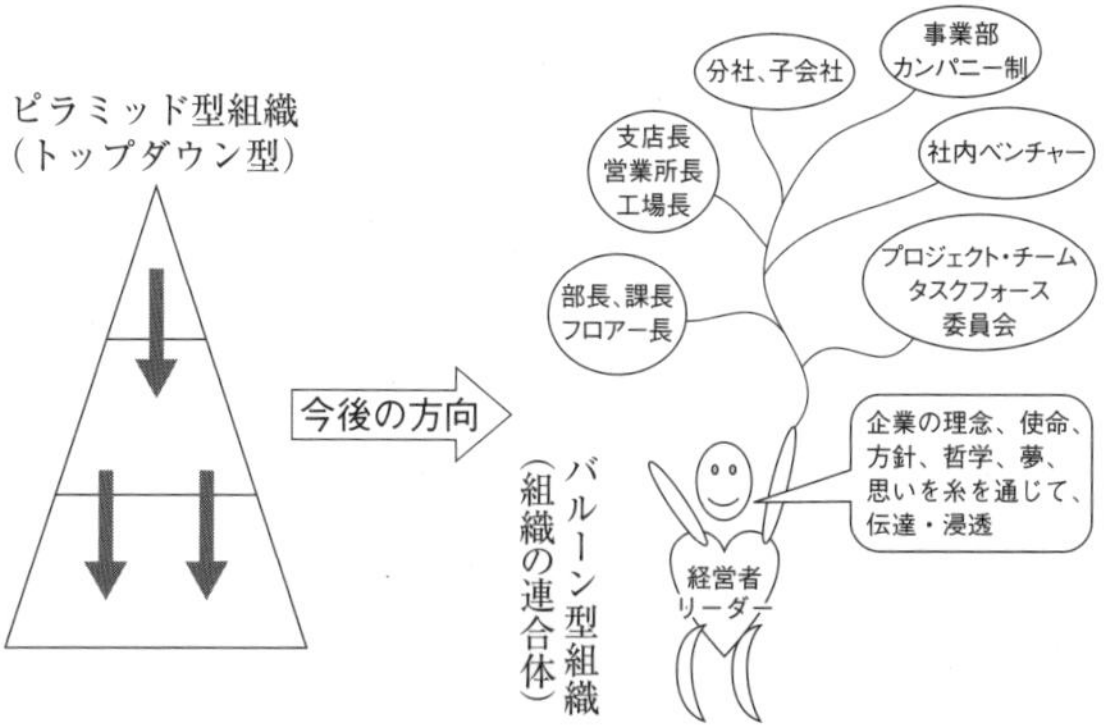

図2　バルーン型組織のイメージ

『チーム型』に分割し、自立的に動ける組織の連合体とすることが必要不可欠の条件となるだろうと思うわけです。それは自立する自己組織化を経営者が築くことに他なりません。指示命令・統制に頼る官僚型・軍隊型・ピラミッド型組織から経営者のビジョンが浸透し、自由に発想、行動できる『小さな組織』『チーム型』の連合体としての「心の見える企業」「バルーン型組織」へと転換しなければなりません。図2のように組織のスタイルを大きく変革する必要があります。

　経営者や図2にあるように店長、プロジェクトチームのリーダー、課長等のリーダーがベンチャースピリットを持ち、自ら考え、行動できるかです。現状に満足せず、常に組織のビジョンに向かってエネルギーを注力できるかです。そのためには、組織の慣性つまり人間の慣性でもある現状をよしとする、安定志向を打破し、イノベーション（革新）を起こす組織を作り出せるかです。創造的破壊ができるかです。チェンジマインド、チェンジパラダイムができるかです。

組織の成長・発展は、日本の経営の良さである協働意識を存続させるかにかかっています。個人にシフトした極端な成果主義はその良さを排除するもので承服できません。情報の共有化や組織の価値観の共有化がますます重要性を帯びてきている中で、協働する喜びや「心の見える企業」とは異質の、個人さえ良ければという競争至上主義、効率主義の兆候が見られるのは残念なことです。

イノベーションは共同化（collaboration）によって一層活発に行われます。それは情報の共有化、価値観の共有化を推進するからです。米国ミネソタ州にある３Ｍのポストイットもお粗末なすぐはがれてしまう接着剤の情報を隠していたら誕生しませんでした。３Ｍは長年続いているコーヒーとドーナツを囲んでの意見交換の場があり、そこで弱い接着剤の話題が出されたといいます。このように情報の共有化がフォーマルにもインフォーマルにも行われることが重要ですし、最近では電子ツールでのやり取りも大切です。フェイス・ツ・フェイス（対面）の情報での制約を打破するデジタルコミュニケーションも必要となります。というのはフェイス・ツ・フェイスでは言いたいことが階層の上下、雰囲気によって阻害されるからです。このように情報の共有化、価値観の共有化を許容するビジョン、組織文化を構築するのがリーダーの機能です。

これからの経営スタイルを考えてみると、以上述べたように経営者のリーダーシップによって図2にあるように人間を信頼し、人間の知恵を生かせるバルーン型組織へと移行することによって人間としての満足感を得ることができるし、またそのサービスを受ける者にとってもそこに価値を見出すこととなります。バルーン型組織へと駆り立てるものは、創造的で進取な心、リスクに果敢に挑戦する意欲と責任感・倫理観を持つ心の様相としてのベンチャースピリット（企業家精神）です。それを経営者のみならず、すべての組織メンバーが持ち合わせていることが肝心なのです。教育の重要性はまさにこの点にあるのです。図2にあるように、組織のトップ、部長、課長、工場長、フロアー長、店長、子会社のトップ、フランチャイズチェーンの店長、スポーツチームの監督、キャプテン、組合や商店街、地域社会のリーダー等、にです。またバルーン型組織は組織内の『小さな組織』『チーム型』の連合体としてだけではなく他の外部組織とのネットワーク（連結）の経済性—組織間の連携—も重視しています。

大学と地域社会とのネットワーク

例えば、専修大学の「地域密着型インターンシップ」教育プログラムの一環として経営学部の学生と小田急線鶴川にある㈱カジノヤがコラボレーションで開発した「ピリ辛ねぎ味噌たれ付冬味納豆」が二〇〇六年一二月発売され、好評を博しています。

他の例としては、筆者のゼミに所属している佐藤雄仁君が小田急沿線の柿生商店会（会長野村衛氏）と専修大学との提携事業に参加し貴重な経験です。佐藤君が参加印象を次のように語っています。

「どうしてこの事業に参加したのですか——インターンシップに参加した動機は、授業で学ぶことのできないことを経験したいこと、地域活性化の事業に興味を持ち、それを実践したかったからです。

禅寺丸柿とは何ですか——日本の甘柿のもとであり、禅寺丸柿を品種改良して全国における「おけさ柿」などの甘柿が作られたといわれています。小田急線沿線柿生駅周辺で毎年一〇月に行われている祭りで、今年で一二回目を迎える予定です。この祭りは、柿生商店会と禅寺丸柿保存会が中心となり、柿生地域の特産品・日本最古の甘柿「禅寺丸柿」の保存と繁栄を目標としたお祭りです。禅寺丸柿は二〇〇七年五月に国の登録記念物にも認められています。

この事業で何を目指しましたか――商店会の方々から我々大学生には、①禅寺丸柿祭りの認知度を上げて欲しい、②新しいアイデアを提案し、祭りを盛り上げて欲しい、③若い人を集客して欲しい、というミッションが与えられました。Ⅰ 柿生商店会の禅寺丸柿キャラクター募集、Ⅱ 柿生中学生を対象としたインターンシップ、Ⅲ 宣伝、広告を広範囲に行う、Ⅳ 種飛ばし大会のイベントを大学生が行う、を提案させていただき実行しました。

効果はどのようなものでしたか――Ⅰのキャラクター募集の狙いは、キャラクターを募集するだけではなく、同時に禅寺丸柿祭りの宣伝・広告を行い、掲示された子供の絵を見るために、その両親がお祭りに来るという狙いと、また、活気があり新しいことに挑戦しているという商店会のイメージ付けを狙いました。キャラクター募集は周辺の小中学校の計七校に依頼し協力を得て、三〇〇〇枚のキャラクター募集用紙を配布し、そのうち一〇〇〇以上の応募がありました。その中から、優秀賞・最優秀賞を選び、優秀賞の作品は今後、著作権が商店会側に寄付され、キャラクターを使用して、祭りの認知度向上に役立てるようになりました。Ⅱの柿生中学生を対象としたインターンシップでは、一年生女子三名、三年生男子二名が参加してくれました。この狙いは、話題作りが大きなウェイトを占めていましたが、若い人たちが地元に多くの興味を持つことが大切であると考えました。Ⅲの宣伝・広告では、各テレビの情報番組や旅番組など一五番組宛に手紙を書き、禅寺丸柿の説明と私たちの活動を伝えました。また、多くの新聞社から取材され、その内容が掲載されました。Ⅳはそのままですので省略です。このようにして禅寺丸柿の売り上げが四倍になり、キャラクター募集により、「かきまる」が決定し、小中学生の来場者が増えました。お祭りが大いに盛り上がりました。

参加した感想を述べて下さい――この事業に参加して企画の提案、ディスカッション、プレゼン資料の作成を学んだことはもちろんのこと、キャラクター募集・各メディアとの交渉・商店会の方からあげられた問題点の解決の考案など、授業では学べないことをたくさん学習しました。その中でも、企画の難しさや楽しさ、やりがいを知ると同時に、今まで気づかなかった自分を発見することができたと感じています。組織の重要性やリーダーシップの大切さを身をもって経験できた事です。」

この例は企業や地域社会、商店会と大学のゼミ、学生とのコラボレーションがベンチャースピリットを掻き立て双方のスピリットが一致したわけで、バルーン型組織の成功事例として取り上げられましょう。

また、二〇〇四年一二月に、大分県にある日本フィルム㈱に田北一彦社長を訪問しました。私は、その会社を「ベンチャー企業」のモデルとして考えているからです。設立三〇年が経過しており、従業員は、パート等を含めて一〇〇名足らずの小さな企業です。その会社は独創的な商品を常に生み出し、ロール式ごみ袋（ブランド名：安全グリップ付きごみ袋）で特許庁長官賞を受賞し、二〇〇四年度にはグッドデザイン賞を受賞しました。その製品の開発には多くの独自の技術が生かされていますが、一番大きいのは社長の高い志、思い、理念だと考えています。それは、ゴミ回収者への心配りです。ごみの中の金属やガラスの破片で多くの人が怪我をしている実態の解消つまり安全性を確保するために従来にないごみ袋を開発し、多くの自治体に納入しています。また、袋一枚一枚に番号が付してあり、何かあった場合に調査できる仕組み、トレーサビリティシステムを導入しています。狛江市、調布市、武蔵野市、東村山市の指定収集袋も当社のものです。二〇〇五年度にも「らびっとぱっく」（トイレットペーパーの包装を開けやすくしてグリッドつきごみ袋に変身させる）でグッドデザイン賞を受賞しています。「工夫は無限」「顧客の喜び」「ハードではなく理念で勝負」をモットーに前進している企業です。

他の例として、二〇〇八年八月、筆者が訪問した㈱カナオカ（代表取締役社長金岡良延氏）は専修大学経営学部授業科目企業研修（インターンシップ）で学生を長年にわたり受け入れてくれている会社です。一九五一年の創業以来、「お客様第一」の姿勢を貫き、安全で高品質な軟包装のパッケージを提供し、技術の先進化、生産の効率化、納期の短縮化などを最高度まで追求しているリーディングカンパニーです。最近の食の安心・安全を徹底的に追求する食品業界や徹底した衛生管理を進める医療・医薬品業界のニーズにいち早く取り組み、印刷工場では日本初となるＡＩＢ（米国製パン研究所）監査対応のパーティクル管理を行っています。現社長は四七歳と若いにもかかわらず将来を見据えて権限を下位に委譲し、自立的に動ける小組織を構築し、その連合体を束ね、ミドルや後継者の育成に腐心しています。正にベンチャースピリットを組織のいたるところに醸成しようとの試みであり、バルーン型組織への挑戦です。

素朴な疑問を常に持ち続け、人を愛する心（Why & Love Spirit・専修大学経営学部加藤ゼミモットー・一九七七年制定）の重要性が高まっています。ハードではなくハートが大事な時代の到来です。

9章

ブランドとO《オー》E《イー》M《エム》をめぐるビジネス戦略について

田口冬樹

はじめに——日産のモコって誰が造っているの？

まず、皆さんにはクイズに答えてもらうことから始めましょう。日産のモコはどこのメーカーが造った車でしょうか。トヨタのパッソはどこの企業が造っているのでしょうか。多くの人は日産の車だから日産、トヨタの車はトヨタが造っていると答えるのではないでしょうか。しかし、いずれも正解ではありません。モコはスズキが造っており、そのベース車はＭＲワゴンであり、パッソはダイハツとの共同開発で、製造はダイハツが行い、ブーンがベース車となっています。なぜ、自動車メーカーはこのように他社のために、完成車（デザイン・内装・装備など若干の仕様は違うが）を製造しているのでしょうか。実は、こうした関係は何も自動車の例に限りません。この章では、ビジネスの世界でＯＥＭというツールがなぜ利用され、どのようにわれわれの産業や生活を支えているのか、その実態を明らかにします。この検討を通してＯＥＭとマーケティングの関係を解明し、企業にとってブランドを有することの効果について議論を深めていきます。

意外に多く利用されているOEM

子供や若い女性に人気のあるハローキティのキャラクターで知られるサンリオは製造工場を持たずにOEMによってさまざまなキティグッズを調達し販売しています。同じような例はディズニーのキャラクターグッズにもいえます。デジタルカメラの業界もOEMが積極的に利用されてきた歴史があります。最近では、台湾の電子機器メーカー普立爾科学にトップシェアの座を奪われましたが、これまで三洋電機はデジタルカメラの生産で世界シェアの四割以上を占め、生産の九割以上はオリンパスやニコンなど国内外の他メーカーのためのOEM生産に徹しており、自社ブランドで販売しているのは一割にも満たない状況でした。

このように他社のために製造することをOEM（Original Equipment Manufacturing or Manufacturer）といいます。これは相手先ブランド供給〔生産〕と日本語で表現されています。また電子機器の分野ではEMS（Electronics Manufacturing Service：製造受託サービス）やファウンドリー（foundry：半導体受託生産）といわれています。[1] さらには、製造だけではなく、企画や設計といった製品開発までをトータルに担当する場合をODM（Original Design Manufacturing）といい、委託元は販売にのみ特化する形態となります。

ノートパソコンも多くはOEMで

OEMの歴史は古く、しかもこれまで実にさまざまな分野で利用されてきています。国内外を問わず普及しており、かつては、日本の家電メーカーがアメリカの家電メーカーにOEMで商品を供給し、その実績を評価されて輸出競争力や海外進出の足場を築いた歴史があり、戦後の高度成長を推進する原動力の一つにもなりました。現在でも、欧米企業のブランドで発売されてはいますが、開発や生産は日本企業が担っている製品も少なくありません。キャノンはヒューレット・パッカードにレーザービームプリンターをOEM供給しており、白鳳堂はエスティローダーグループを始め国内外の大手化粧品メーカー向けに高級化粧筆のOEM供給を行っており、また山中漆器組合ではイタリアおよびドイツの家具メーカーに漆器製品をOEM供給しています。このように、日本企業の高度な製造技術、品質や使い勝手の良さ、日本の洗練された伝統工芸などをベースにOEM提供する傾向があります。欧米企業が日本企業のためにOEM製品の供給をするケースも少なくないし、現在は韓国、台湾、中国などの企業が日本企業に対してOEM提供する傾向が続いています。ノート型パソコンの多くは台湾企業がOEM（世界シェアの八割を占める）で受注・設計し、中国で組み立てる分業のパターンが定着しています。

OEM利用の実態は、完成品に限らず、部品レベルを含めるとかなり広範囲に行われています。採用製品や業種としてみた場合も、先に紹介したもの以外に、家電製品、時計、自転車、健康食品、ミネラルウォーター、医薬品、ゲーム機、携帯電話、バッグ、農機具、工作機械、さらにはマンホールのふたなど、最近では、旅行業界でのツアー・サービス（パッケージツアー）、金融業界での金融商品、ホテルや病院経営での業務ソフトなど、サービス商品にもOEMが広がっています。

中国冷凍ギョーザから見えてくるOEMの契約

通常、OEMは企業間の守秘義務によって一般の消費者にはオープンにされないことが多いといえます。そこでその利用の実態はベールに包まれている場合がほとんどです。たまたま、ある企業が製造した製品に欠陥や不具合が見つかった場合、新聞の社会面の下の欄に、その製品の製造企業に加えて、同じ製品をOEMで調達した他企業も社告という形で一緒に製品の回収や修理の対応の記事を載せていたり、テレビやラジオのニュースで取り上げられてこの契約関係を知ることになります。最近では、ジェイティフーズ（ＪＴＦ）や日本生活協同組合連合会（日生協）のブランドで販売されていた冷凍ギョーザが、実は中毒事件が発生してはじめて中国の天洋食品で製造されたＯＥＭ製品であることが公にされ、あらためてＯＥＭがさまざまな食品の調達にも普及していることを象徴する出来事でした。

企業によっては、自社の経営方針をＯＥＭ専業のメーカーとポジショニングして、他の企業に自社での製品開発や設計、製造を引き受けるためオープンな方法で取り組んでいる例も存在します。小売企業や卸売企業が自社の店舗網で販売するため独自の仕様に基づき、メーカーに生産を委託する場合はプライベート・ブランド（ＰＢ）やストア・ブランド（ＳＢ）といいます。ギャップや無印良品（良品計画）などの小売企業が素材の調達から製造さらに販売にいたる過程でリーダーシップを発揮し、いわゆるＳＰＡ（Specialty Store Retailer of Private Label Apparel：自社ブランドのための製造小売）として、自社ブランドで販売する衣料品を海外のメーカーに製造委託する場合もＯＥＭというカテゴリーに分類できます。このようにＯＥＭは多くの分野で利用されていることがわかります。ＯＥＭ自体がビジネスにおける製品生産の効率化と品質の向上を実現するための社会的分業や専門化として利用されていることも理解できます。

ライバル企業とのOEM提携

これまで、ＯＥＭは部品メーカーと完成品メーカーの関係、親会社と下請け会社の関係のように、提供する側も利用する側も相互に競合の少ない分野で提携することが多かったといえます。しかし、最近はむしろ完成品メーカー同士の対等な関係で、しかも競合企業間での提携（アウトソーシング）も増加しております。これにはそれなりの理由があります。特に、近年では消費者のニーズやライフスタイルが短期間で激しく変化しており、その一方でビジネスに対する規制緩和やグローバリゼーションを背景に競争関係が熾烈化しており、製品ライフサイクルの短縮化が加速しています。しかし、こうした不安定化する市場環境の中で、常に新製品開発や他社との製品差別化が競争優位の確立、ひいては利益獲得の手段として求められるものの、開発期間の長期化、投資金額の巨額化、さらに同時に製品やその製造をめぐる技術が複雑化しており、競合企業間での特許侵害などの紛争も後を絶ちません。このような状況に置かれた企業が、あえてリスクを冒して長期にわたって経営資源を不確実な製品分野に投入し続けるよりも、自社にとって経営資源を有効に活用するために、新しく生み出された不確実性の高い市場への対応において、また自社にとってすぐに内製できない製品を手に入れる比較的容易なビジネスツールとして、あえて競合企業と協調関係を構築してまで、ＯＥＭを有効な戦略として利用するようになってきています。

日産の軽自動車への参入とOEM戦略

日産自動車は二〇〇二年四月にモコというブランドの軽自動車を発売しました。リバイバルプランを推進したカルロス・ゴーン社長は、軽自動車市場に参入する動機を当時の軽自動車の市場動向から判断していました。軽自動車市場は年間二〇〇万台、全自動車の三分の一にあたるといいます。また日産車一台とそれ以外にもう一台併有するユーザーのうち、二二%が軽自動車を所有するとみられていました。さらに軽自動車ユーザーは、軽自動車から軽自動車へと乗り継ぐ割合が高いと見られています[2]。これらのことから、日産は軽自動車に大きなビジネスチャンスを求めました。しかし、日産では軽自動車の開発や製造に直接投資する方法を選びませんでした。まだ、本体の経営力を回復することが最重要課題だったということに加えて、軽自動車市場の成長性をさらに見極めるため、経営資源の有効活用という点ではすでに軽自動車の開発と製造に優れた能力を有するスズキからのOEM調達に踏み切ったのです。しかし、日産では二〇〇七年に入ってスズキからの片務的なOEMにとどまらず、日産からもスズキに初めてミニバンなどの乗用車を供給する相互OEM供給に踏み切りました。このことは、セダンやミニバンに乏しいスズキにとっては、こうした提携強化によって中型車の車種を充実させ、顧客基盤を拡大することができるというメリットもあります。両社にとって開発負担を抑えながら商品群を拡大強化すること、さらに片務的なOEMでは企業間関係が不安定である点を克服するため、より安定したものにする有効な手段として相互供給を行うことになりました。日産では、軽自動車販売の好調な動きを受けて、二〇〇七年一月にスズキからアルトをベース車とするピノのOEM供給を受け、三菱自動車からはすでにオッティ（三菱でのブランド名eKワゴン）、さらにクリッパーバン（三菱でのブランド名ミニキャブバン）に加えて二〇〇七年六月にはクリッパーリオ（三菱でのブランド名タウンボックス）を発売しており、日産

表1　自動車のOEMの事例

供給企業名	ベース車名	⇒	利用企業名	利用車名
スズキ	アルト	⇒	日産	ピノ
スズキ	MRワゴン	⇒	日産	モコ
三菱	パジェロミニ	⇒	日産	キックス
三菱	タウンボックス	⇒	日産	クリッパーリオ
三菱	ミニキャブバン	⇒	日産	クリッパーバン
三菱	eKワゴン	⇒	日産	オッティ
日産	セレナ	⇒	スズキ	ランディ
スズキ	アルト	⇒	マツダ	キャロル
スズキ	ワゴンR	⇒	マツダ	AZワゴン
スズキ	ジムニー	⇒	マツダ	AZオフロード
ダイハツ	ブーン	⇒	トヨタ	パッソ
ダイハツ	テリオス	⇒	トヨタ	キャミ
ダイハツ	ストーリア	⇒	トヨタ	デュエット

は軽自動車の製品ラインの全車種をOEMによって調達しています（表1参照）。その上、日産と三菱とのOEM供給の動きは、二〇〇八年一〇月には三菱が日産に多目的スポーツ車（SUV）タイプのパジェロミニをベース車として提供し、日産でのブランド名はキックスとして販売しており[3]、日産からは小型商用車が手薄な三菱のために『AD／ADエキスパート』を相互にOEM供給する形で双方にWIN／WINの関係を生み出そうとしている戦略も注目できます。一方で、トヨタの場合は、二〇〇八年に入って富士重工業との提携強化により子会社のダイハツから軽自動車を富士重工業向けにOEM供給する動きが現れており、軽自動車をめぐるOEM戦略が一段と活発化しそうです。

なぜ、敵に塩を送るの？

では、なぜ企業はライバル企業にあえてOEMを利用して開発や生産を委託したり、逆にライバルがあえて受託して敵に塩を送るようなことをするのでしょうか。その理由は企業によってさまざまですが、大きな理由として次のことが指摘できます。つまり消費者の側からの、より新しいもの、より便利なもの、より快適なものへの欲望の進化は、競争企業との関係でいっそう刺激され増幅され、商品開発や生産のスピードを短縮化せざるをえなくしています。企業にはそれに応えるだけの迅速な商品やサービスの提案力が求められています。しかし、企業にとって自社で利用できる経営資源も無限ではありません。限られた経営資源をどのように有効に投入し、より効果的に顧客のニーズに応えながら、競争企業に打ち勝つことができるかの戦略が問われています。ＯＥＭは提供する企業にとっても、それを利用する企業にとっても、限られた経営資源を有効に活用し、より効果的な対応を取れる一つの解決法なのです(4)。

ＯＥＭを引き受ける企業にとってのメリット

そこで、まずライバル関係にある企業同士でＯＥＭを利用し合うメリットをみていきましょう。ＯＥＭを提供する企業にとってのメリットは、その第一は量産効果です。自社ブランド製品だけでなく、他社ブランド製品の生産によって生産設備の稼働率を上げることができ、それだけ生産コストを引き下げることが可能となります。景気の低迷で過剰な設備を抱えた企業にとっては、自社ブランドのシェアを奪われるかもしれない危険を冒してまで、相手がナショナル・ブランド（ＮＢ）の競争企業であれ、あるいは流通企業からのプライベート・ブランド（ＰＢ）であれ、設備を遊ばせるロスや工場閉鎖あるいは従業員の解雇を避けるためにも効果的な方法となります。

ヨーロッパでは一般に、スーパーマーケットなどの大型小売業でのＰＢの割合が日本の場合と比べて、五倍から一〇倍は高いといわれています。とくにイギリスではその傾向が顕著です。それには幾つかの理由がありますが、消費者がＮＢにとらわれずにＰＢを積極的に購入すること、それにＰＢの生産を大手のメーカーが積極的に引き受け、実質的にＮＢと差のない製品が提供されている実態があります。ユニリーバ、ネスレ、ペプシコ、ダノン、キャンベル、ハインツといったメーカーでは、テスコやセンズベリーなどの大手小売企業の販売力増大によって、そうした小売企業の仕入政策がトップブランドに絞って調達するようになっており、シェアトップになれなかったメーカーの対応として、高品質のＰＢ（プレミアムＰＢ）の生産を引き受ける傾向が生まれています。[5]

ブランド力のない企業にとってのメリット

ブランド力が十分に確立できていない企業にとっては、マーケティングを相手先に任せることで市場開拓や販売チャネルの維持コストを抑えることが可能となります。相手先に強いブランド力がある場合は、そのブランド力を梃子に自社にとって質の良いものづくりの実績を積み上げることができます。世界的にブランド力のある大手メーカーから最新の製品動向を吸収し、自社製品に応用することも大きな刺激となります。若者に人気のアップルの携帯音楽プレイヤー「ｉＰｏｄ」にしても、ソニー・コンピュータエンタテインメント（ＳＣＥ）のゲーム機「プレイステーション」シリーズ、それに任天堂のＷｉｉの製造・組み立ても、台湾の華碩や鴻海やその関係会社など、他社によって行われています。船井電機は総売上高の約七割をアメリカから稼いでおり、とくにウォルマートにエマーソンというブランドで大量に家電製品を提供しております。ウォルマートでの船井電機の液晶テレビのシェアだけで一〇％となっており、その存在感は年々大きくなっています。最近では液晶テレビを欧州市場に一〇〇万台販売する計画を持っているといいます。その主な販売先として、欧州最大の小売チェーンであるカルフールやメトロＡＧに自社のフナイブランドで六割程度を販売しようとしています。残りの四割は他のメーカーのためにＯＥＭで提供する形を取ろうとしています。最近船井電機と業務提携した日本ビクターは、国内での液晶テレビ事業から事実上撤退しましたが、欧米やアジア市場の将来性を見込んで船井電機から液晶テレビのOEM調達で海外販売に注力しようとしています[6]。最近は、フナイブランドを積極的にアピールするようになってきました。米国ではミドルクラスをターゲットにフナイブランドで独自色を打ち出し、低価格化の流れと一線を画する動きに出ており、その一方で日本国内を対象に家電小売売上高トップのヤマダ電機に液晶テレビを低価格で納入する際に、フナイという自社ブランドを打ち出すことになりました[7]。コストや品質の面で実績が確立し、一定の評価が生まれると、次第に自社ブランドでデビューする動きは、台湾のエイサーや韓国のLGあるいはサムソンそれに中国のハイアールなどの企業にも多く生まれています。

OEMで調達する企業のメリット

OEMを利用する企業にとってのメリットは、自社で不足している分野の専門性の向上が期待できます。固定費の変動費化もコスト削減効果として表れます。製造設備を持たずに、市場動向への迅速な対応と開発期間の省略もしくは短縮が可能です。新製品の開発には膨大な時間と開発コストがかかることが多く、とくに自動車業界のように年々強化される環境規制や安全技術の向上のため開発コストが増大しており、競争企業の特許との関係などリスクが付きまといます。また製造においても膨大な設備投資が要求されます。急速に変化する市場需要に迅速に対応するには、ＯＥＭによって他の企業がすでに開発し、製造している製品を利用するのが手っ取り早いといえます。関連事業分野でブランド・イメージが確立している企業ほど、こうした方法を採用して成功しやすいといえます。ブランド階層の視点からとらえると、企業ブランドを梃子にして、ＯＥＭにより製品ブランドを拡充する方式といえます。日産にとって、軽自動車は新しい成長市場ですが、軽以外の登録車の新車投入を梃子入れするためにも、まだ自ら軽自動車の開発や製造をする段階ではないという判断のもとで、スズキや三菱からのＯＥＭに頼っています。日産の企業ブランド力によって市場開拓を有利に進める戦略を選択したわけです。

選択と集中のためのメリット

ここでのメリットは、ＯＥＭを利用する企業にとって経営資源の有効活用と品揃えの確保ができるという点です。経営戦略でしばしば話題になる「選択と集中」という問題であり、自社の強みをどこで発揮し、弱みをどのようにカバーするかに関係しています。企業によっては、自社に弱みがあって開発や生産に手が回らないが、顧客維持の観点からフルラインの品揃えを確保せざるを得ないというジレンマが発生します。たとえば、マツダは九〇年代後半にフォードの支援を受けて経営再建を進める中で、強みを持つ中・小型車とスポーツカーに経営資源を集中するため、軽自動車の開発・製造から撤退しました。その部門をスズキからＯＥＭでカバーしています。不得意だからといってその分野の商品の品揃えを怠ると、顧客や販売店の支持が得られず、企業の全体としての競争力を低下させてしまいます。ＯＥＭはこの弱点を補強してくれます。そしてコア部門への経営資源の集中を実現できたことがマツダの復活に結びついたといわれます。

双方の企業にとっての問題点は何か

ＯＥＭは両方の企業にとって、経営資源の有効な利用を促進し、コストや時間を節約し、リスクを抑えてくれます。それでは、問題点はないのでしょうか。双方の企業にとって良いこと尽くめのように思われますが、ＯＥＭにはデメリットも存在します。

まず、提供する企業にとってのデメリットは、両者の関係が競合状態に置かれているほどきわめて不安定といえます。市場の変化によっては、相手がいつ内製に切り替えるかという不安があるし、それに相手先ブランドが自社ブランドを駆逐する、いわゆるカニバリゼーション（共食い）のリスクも無視できません。この点で、軽自動車を日産やマツダにOEM提供しているスズキの鈴木修会長は、「自動車生産は量産効果が大きい。一車種で一二万台の生産か、六万台の生産かでは一台当たりコストは三割も違う。OEM供給は大変ありがたい。ただ永久ではない。期間が決まっているある程度歯止めをかけたい[8]」と発言しており、「OEM先が販売してくれることで在庫リスクも減らせる。〇五年度のOEM比率は五・二％だが今後は一〇％を上限にする。日産自動車への供給拡大で増える見通しだが、OEMの関係が持続する保証はなく、ある程度歯止めをかける必要がある[9]」とその利用の限定性を述べています。この点で、OEM提供側にとっては、供給拡大が効率的な生産を実現するとはいえ、逆に提供自体の反動を考慮しておくことが重要といえます。これに対して、現在のところ日産自動車のカルロス・ゴーン社長は、スズキや三菱自動車から軽自動車のOEM利用に対する方針として、「あくまで主流は日産製の日産車。OEM供給を受けるのは、将来にわたって販売全体の五％程度にとどめる」と示唆しつつも、二〇〇八年一〇月には先に述べたように、三菱自動車のパジェロミニをベース車としたOEM供給に踏み切るなど活発な動きも見せています。

顔のない企業とブランド力のある企業のジレンマ

販売を任せてしまうということは、消費者に作り手の企業やそのブランドが認知される割合は少なくなり、裏方に徹する顔のない企業として、製品に独自のコンセプトを打ち出せず、従業員のモラール（士気）や働くモチベーション（意欲）にも影響しかねません。そのためあえて、OEM提供する企業が次第に自社ブランドを育成しようとするのにはこうした問題を克服しようとするねらいもあります。

次の問題点は、OEM調達する企業にとってのデメリットです。それは、開発や製造を他社に任せることに伴う弊害として、開発や製造の技術が蓄積されず、社内に人材が育たず技術や技能が継承されずノウハウの欠如ということが起こりがちです。技術の習熟が不足していると、時として製品に問題が発生した場合やサービス提供の際に、顧客への対応が不十分になってしまうことも起こりやすくなります。これはまた責任の所在が不明確になるという問題にも波及します。最大の問題としては商品に個性がなくなる不安もあります。

消費者にとっての弊害

消費者の立場でOEMをとらえた場合、ブランドに頼りすぎる弊害ということが提起できます。スズキのMRワゴンよりも日産のモコの方が、またかつてトヨタで販売していたデュエットの方がOEM提供していたダイハツのストーリアよりも、現在は、トヨタのコンパクトカーであるパッソの方がダイハツのブーンよりも、それぞれ若い女性に人気があり、値段が高くても良く売れているということは何を意味しているのでしょうか。確かに、デザインや内装や装備など若干の仕様は異なるとはいえ、基本的な内容はまったく同じものを、われわれはブランド・イメージの違いで購入していることが多いといえます。ブランドの知名度、優れたデザイン、企業の評判など、その製品の中身よりも、購買に関与するフロントの情報が重要な役割を演じていますが、消費者にとって大切なことは、改めてブランドの中身について一歩踏み込んだところで商品情報を検討し、総合的な購買力、つまり買い物する力をつける必要があるとい

表2　OEMのメリットとデメリット

	メリット	デメリット
提供企業	量産化による生産コスト低下、市場開拓・チャネル設置・広告活動などのマーケティング・コスト節約、相手先ブランドの活用でリスクを回避、迅速な市場導入	顔のない企業、カニバリゼーションの脅威、従業員の士気の低下、顧客との接点の欠如
利用企業	開発時間の短縮、開発・製造コストの削減、市場動向への迅速な対応、最先端の生産能力の活用、ブランド力で多様な製品・サービスの品揃え実現	開発や製造ノウハウの欠如、製品やサービスのクレーム対応の不備、責任所在の不明確化、商品に個性や独自性を打ち出しにくい
消費者	一定のブランド名の下での、多様なメニューからの選択可能性	ブランド・イメージと実態との乖離、ブランドによるプレミアム（割増）価格の請求

うことです（表2参照）。最近の食品の偽装問題は消費者が国産という表示や特定のブランドを盲信していることと裏返しの関係を示しています。それだけに、逆に言えば、企業がなぜ強いブランドの育成にこだわるかの意図もここにあります。

ブランド管理の重要性

ＯＥＭの実態の解明を通して見えてくるものは、ブランドにこだわる消費者の行動です。今やブランドは部品メーカーのレベルでも大きな戦略的課題になっています。ＰＣでのインテルインサイドや自転車のシマノの部品はそれ自体がブランドを自己主張するまでになりました。一般にブランドは企業が設定した名前に過ぎないと思われがちですが、消費者にとってブランドとは単なる物理的なモノの名称ではなく、企業や製品に対する独自の意味やこだわりを示唆しています。消費者からの独自の認知が得られた製品に昇華されていることが、ブランド力の基礎をなすといえます。消費者にとっては、多くの企業の無数といえるブランドのなかで、ごく選ばれたものだけが消費者が認めるブランドということになります。ＯＥＭ専業から、ブランド・メーカーへの進化の戦略を考える上で、経営に携わる人々にとっては、ブランドを通して顧客との緊密な関係をいかに構築するのかという大きなテーマが与えられています。しかも、構築したブランドをいかに長期にわたって維持するかというブランド管理の大切さも挑戦課題となっています。

このような考察を通していえることは、世の中がどうなっているのか、ビジネスのねらいや仕組みについて、単に目に入る現象でとどめるのではなく、何故、どうして、どうすればという問題意識をもって自分の力で疑問を解いてみる能力が現代のわれわれのビジネスや生活の中にはますます求められているように思えます。

注

(1) OEMやEMSを正面から取り上げて検討している文献はそれほど多くはない。ちなみに、コンパクトなものとして高橋伸夫編・東京大学ものづくり経営研究センター著『ものづくり経営講義』日経BP社 二〇〇五年が参考になろう。また、OEMをPBの視点で取り上げたものとして、日本経済新聞社『日経トレンディ』二〇〇八年五月号 一八–六〇頁が参考になろう。

(2) 『日経産業新聞』二〇〇二年四月一一日

(3) 日産自動車、「日産自動車と三菱自動車、軽自動車のOEM供給拡大について基本合意」NISSAN PRESS RELEASE 二〇〇八年二月二七日、http://www.nissan-global.com/JP/NEWS/2008 『日経産業新聞』二〇〇八年一〇月一日

(4) 田口冬樹著『新訂 体系流通論』白桃書房 二〇〇五年 一五–一六頁

(5) Roger Clark and others, *Buying Power and Competition in the European Food Retailing*, Edward Elgar Publishing, 2002, pp.160–162. Nirmalya Kumar and Jan-Benedict Steenkamp, *Private Label Strategy*, Harvard Business School Press, 2007, pp.25–28 and pp.43–57. ちなみに、PBは欧米でプライベートレーベルブランド、ストアブランド、ハウスブランド、オウンブランド、ディスティリビューターブランドとさまざまな名称で呼ばれている。Michael

Levy and Barton A. Weitz, Retailing Management, MaGrraw-Hill Irwin, 2007, pp.373-388.
（6）『産経新聞』二〇〇七年四月七日、『日本経済新聞』二〇〇八年六月一一日
（7）『日経産業新聞』二〇〇六年六月二〇日、七月六日、『日本経済新聞』二〇〇六年七月五日、『日経流通新聞』二〇〇六年七月九日
（8）『日経産業新聞』二〇〇六年八月一〇日
（9）『日本経済新聞』二〇〇六年八月一〇日
（10）『日本経済新聞』二〇〇八年五月二日

10章

挑戦の源泉——「ほめる」

馬場杉夫

会社は、どのように新製品を創っているんだろう。

そんなことを思ったことはありませんか。何しろ、そこかしこに新製品と呼ばれるものがあふれています。自動車は定期的にモデルチェンジを繰り返し、デジタル機器は、一年に複数回の新製品が発売されることもあります。毎年夏が近づくと新しい清涼飲料水が、秋になると新作のチョコレートが発売されます。

ただ新しければよいというものではないことは、誰でも知っています。お客さんが欲しいものを創らないといけない。それならば、お客さんの欲しているものを表現すればいいんだ。ことはそんなに単純ではありません。お客さんは、まだ見たこともない製品に対して評価することはできないからです。

だから会社は、いろいろな方法で新製品を世に出してきます。しかもたった一つの新製品だけでは、会社は存続できません。継続的に次々と新製品を市場に出し続けなければいけないのです。

そんな視点で会社の行動を観察すると、「どうやっているんだろう?」と素朴な疑問がわいてきます。ここでは、そんな疑問を少しだけ解き明かしてみましょう。

身近なところにある挑戦

新製品の中には、今までと全く異なるアイデアが盛り込まれているものもあれば、従来の延長線上のものもあります。新しさの質は異なっても、新製品は、会社が新しいことへ挑戦し続けている結果であることに異論はないでしょう。すなわち、何か未知の領域に社員が挑戦しているのです。お客さんは、きっとこんなものを望んでいるんだと。

そのためには、社員に対してちょっとした仕掛けが必要です。何も働きかけないで、社員が自ら挑戦することなど考えにくいものです。挑戦には、成功による見返りがある一方で、それ以上に大きな失敗のリスクがあるからです。

会社がどのように社員へ挑戦を促しているかを探る前に、小田急沿線から目に付く「挑戦」を探してみましょう。

規模は小さいですが、中央林間駅と南林間駅の間にある「シコー株式会社」は、世界最先端の小型モーターを作っている会社です。例えば、携帯電話に内蔵するデジタルカメラ用の自動焦点モーターは、量産レベルの製品では世界最小（二〇〇六年八月、ニュースリリース）で、さらに小型化を進めています。片瀬江ノ島駅近くに「新江ノ島水族館」があります。「わくわくドキドキ冒険水族館」というコンセプトのもと、新しい取り組みに挑戦し、お客様に喜んでもらえるよう努力し続けています。

新しいことへの挑戦の難しさ

このように身近なところで挑戦を見つけることができますが、いざ自分が何か新しいことをやってみようと考えると、とっても難しいことに気づきます。手始めに、他の人が取り組んではいるが、まだ自分がやっていないことに挑戦するケースを考えてみましょう。既にできるようになっている人から教えてもらっても、なかなかすぐにできることではありません。初めて料理をして成功する人は少ないでしょう。包丁の使い方もなれないため、キャベツを切っても千切りにはなりません。初めてスキーを履いてスイスイ滑れる人もいません。

さらに、今まで誰もやっていないことに取り組むケースを考えてみましょう。最初から、何をどうやったら良いかわかりません。魚の養殖は食糧事情を改善した画期的な取り組みでしたが、成功までには非常に長い年月がかかりました。

新しい取り組みは、どんなものでも最初はうまくいきません。予測することが難しいからです。何が起こるかわかれば、失敗を予測し、成功するよう対処策を考えることができます。どんなことが起きるかわからないから、怖くてなかなか手が出せないのです。会社であれば、当然費用と時間がかかります。これが失敗のリスクです。

社員が新しいことにどんどん取り組むためには、失敗する可能性が高いことを社員にどうやって取り組ませるか、という問題を解決しなくてはなりません。容易なことではありませんが、新しいことに取り組む土壌が育まれているアメリカ社会にそのひとつのヒントをみることができます。

アメリカのチャレンジスピリッツ

私は二〇〇四年八月までの一年間、カリフォルニア大学ロサンジェルス校（ＵＣＬＡ）のビジネススクールで訪問研究員をしていました。アメリカの挑戦への懐の深さを痛感した一年でした。

アメリカ人の多くは日本人よりも保守的にみえました。自分がそれほど必要としていなければ、お金をかけて新しいものを購入しないようです。また、会社も新しいものを毎年開発しようとはしていません。清涼飲料水は定番品がほとんどですし、チョコレートの新製品も毎シーズン出てきません。

しかし、アメリカには、今まで誰もやっていなかったことに取り組むチャレンジ精神が育まれているような気がしてなりません。実際に、従来見られなかった多くの製品がアメリカで開発されました。例えば、コンピュータやインターネットのいくつかの技術はアメリカ生まれ、アメリカ育ちです。日本の会社が製品化したものとして有名な温水洗浄便座やカーナビも、元々の技術はアメリカで開発されたものです。

私の失敗と挑戦

海外生活もアメリカ行きも初めての私にとって、この一年間は新しいことへの挑戦の連続でした。

最初の頃は、レストランに入るのも緊張します。レストランでは日本と同じように注文すると、食べきれません。それでも食べたいものを注文したいものです。最初は、仕方なく、残していました。立派なレストランであれば、見栄をはって、食べきれないと思っていてもメインディッシュを人数分頼んでいました。生活が落ち着いて、周囲を見渡す余裕がでてくると、実は、アメリカ人でも食べきれていないことに気づきました。彼らは、遠慮なく、持ち帰り用の箱を注文しています。格式の高いレストランであっても、サラダしか注文しない人もいます。急に肩の力が抜けていきました。以後、自分が何をしたいのかをウェイターに伝えるよう心がけました。

以前からジョギングはしていたのですが、せっかくの機会でしたので、初めてのフルマラソンに挑戦しました。沿道の市民はゼッケンに書いてある名前を呼んで応援してくれます。春先だというのに最高気温が三〇度まで上がりヘトヘトになりましたが、応援のおかげで完走することができました。Good job! Sugio, you can do it! 聞こえてくる声援も命令調の日本語のガンバレとは明らかに違うニュアンスです。

日本と異なることは、目標をもって何か新しいことに取り組んでいることに対して、無条件で応援してくれるところだと感じました。アメリカ人は保守的かもしれませんが、誰かが挑戦していることに対しては、温かい目で見守ってくれます。

ほめる文化と自己責任

人の服装をほめる。何気ない行動をほめる。授業での発言がとんちんかんでも、その良いところを何か見つけてまずほめる。もちろん、たった一年の経験なので、ごく限られた側面だったかもしれませんが、アメリカにおけるコミュニケーションの基本は、「まず、ほめる」ということでした。

このことをつきつめて考えてみると、ほめられるからこそ、いろんな挑戦ができるものだと気づきます。日常的なことから、最先端のことまでです。

「○○もおだてれば木に登る」ではありませんが、ほめられることは、人の力を存分に引き出す効果があります。謙遜の美徳もありますが、日本人がほめられてくすぐったいのは、長い間、しかられ続けてきたからではないでしょうか。

ただし、このことは、甘やかすこととは違います。挑戦するにあたり、なぜそれに取り組むのかについて、しっかり自分で考える機会が与えられます。そこには自己責任が求められています。自分が考え、自分で挑戦し、自分が行動した結果については、自分で責任を取らなければなりません。

まずは批判をする日本人

ほめる文化が定着しているアメリカに対して、日本では「しかる文化」、つまり、どこが悪かったのかを叱責する減点主義が定着しています。挑戦に対してミスを犯すと、ため息が聞こえてきます。成功しても一言二言ケチがつけられます。

二〇〇六年のサッカーのワールドカップでは、日本チームは期待通りの結果を残せませんでした。ゲーム翌日の話題は、もっぱら日本チーム批判です。「オレならあのシュートは決められた」「どうして監督はあの選手を使わないのだろう」

どこにも「よくがんばったよ」「次につながるよ」という言葉が出てきません。監督も選手も勝つ努力を怠ったとは考えられません。彼らがその状況において考えられるベストを尽くしたのは明らかです。それにもかかわらず、評価のプロである解説者やその周辺にいるサポーター、評価の素人である一般人のいずれも大方が批判をしていました。

対照的に日本チームが好成績を残したのは、同年に行われたワールドベースボールクラシックでした。厳しい予選の中から、一時は決勝リーグに進出することさえ危ぶまれました。ところが最後は感動的な優勝で締めくくったのです。

このケースにおいてさえ、まず否定的な意見から始まります。大リーグは一線級が出場していなかった。運が良かった。さすがに批判だけではありませんでしたが、私の印象では、半分は高い評価を下しておきながら、半分は、批判的なものに聞こえました。

成功に対する批判の中には、今後のことを考えた建設的なものもありましたが、個人的なネタミやヒガミからくるのでは、と感じられるものさえありました。挑戦し成功したことへの報いが、個人的なネタミやヒガミから生じる批判とあっては、ほとんどの人がやる気をなくしてしまいます。

二〇〇八年夏に行われた北京オリンピックに挑戦した選手達への評価を思い出してみましょう。惜しくもメダルを逃した選手やチームへの評価は、二年前と変わっていません。もちろん、アメリカでも成功者へのネタミやヒガミがあるそうです。足を引っ張ろうとする人たちもいます。ただ、それを打ち消すくらいの巨大な力で、挑戦した成功者への称賛が贈られるところが異なります。

減点主義の評価に加え、ネタミやヒガミがはびこっている日本の社会の中で、新しいことに挑戦しろ、と社員に要求することに、私は非常に矛盾を感じます。そんな中で新製品や新サービスを搾り出しているビジネスパーソンはまさにスーパーマンです。

失敗への寛容が挑戦を促す

会社が新製品や新サービスを開発し続けるためには、社員一人一人が新しいことに挑戦し続けなければなりません。また、新製品や新サービスはたった一つの先進的なアイデアでは完成しません。そこには、採用されなかったアイデアも含めて、非常に多くの社員がかかわり、多くのヒラメキやアイデアが凝集されているのです。

たった一人の社員が新しいことに挑戦すれば良いのであれば、偶然の産物を待つという方法もあります。しかし、多くの社員からのアイデアを募るのであれば、そこには、組織的な取り組みが不可欠です。

その一つが評価に対する失敗への寛容です。新しいことに挑戦して成功すれば最大の賛辞が贈られます。しかし新しいことに挑戦して失敗しても「しからない」。できればほめる。最も悪いのは、従来どおりにやってそこそこの結果に終わった場合です。新しいことに挑戦し続けなければならない会社にとって、一番やってはいけないことです。このような人の行動こそ会社はしからなければなりません。

新しいことへ挑戦した場合であっても、失敗はやはり失敗です。たった一度の失敗がその後のキャリアをすべて狂わせてしまうほどリスキーなものであれば、失敗を恐れ、挑戦することをやめてしまいます。そこで、失敗しても再挑戦の機会を与えることが大切になってきます。失敗してもやり直せる。こんな気持ちが挑戦を促し、成功へとつながっていくことでしょう。

このことは、私が参加している研究グループが十年以上にわたり、日本の大規模製造業に対して実施しているアンケート調査の結果からも明らかです。失敗に対する寛容が社員の挑戦意欲を促し、能力の獲得や発揮、創造性の開発へと結びついています。

小田急沿線からの事例

それでは小田急沿線から、そんな失敗に寛容な会社を探してみましょう。

MOTION & CONTROL™ NSK

UNI QLO

BOOK・OFF

藤沢駅の近くに大きな工場を持つ日本精工は、日本で最初にベアリングの生産を開始した会社です。鉄道車両や航空機、ロボット、環境にやさしい風力発電機用のベアリングとともに、国内自動車メーカーに供給した世界で最初の高出力対応のCVT（無段階自動変速機）や、快適な運転姿勢を保ち、優れた操縦機能を持つステアリング装置などを製造しています。ここでは、評価の内容についての上司との面接に二〇分以上の時間をかけています。これによって、失敗からの学習を促し、次の成功へとつなげることができます。さらに、低く評価された社員の声をアンケートにより吸い上げ、上司との相互不信を取り除く仕掛けもあります。次の挑戦へのきっかけ作りを積極的に進めているのです。

下北沢、新百合ヶ丘、町田、相模大野、湘南台、藤沢、本厚木、海老名、秦野などに出店しているユニクロのブランドで有名なファーストリテイリング社。ここでは、失敗はもちろん失敗として扱いますが、敗者復活の道筋が明らかになっています。読者の中にも「ユニクロが野菜を売る」という報道を覚えていらっしゃる方もいるのではないでしょうか。ユニクロではこの事業を早期に失敗と判断して、すぐに撤退し、次の新たな取り組みに力を注ぎました。これができるのは、失敗しても取り返しのきく機会が提供されているからです。ユニクロのことを少し調べると、とてつもなく多くの失敗を経験していることがわかります。いずれも単に失敗で終わらせず、なぜ失敗したのかを学習し、それ以後のビジネスに役立てています。新しいことへの挑戦は手探りですが、一歩を踏み出すことにより、他の会社よりも早く、何が必要なのかが見えてくるのです。

古本屋さんの概念を大きくかえた、豪徳寺や喜多見、祖師ヶ谷大蔵、向ヶ丘遊園、本厚木などの駅前にもあるBOOKOFF。ここでは、できるだけ社長と社員の距離を短くし、苦労や失敗を共有することによって社員のロイヤリティを高めています。BOOKOFFの採用情報サイトをみてみたところ、BOOKOFFが大切にしているものの中のひとつに答えがありました。「かいた恥と失敗の数」。挑戦する社員を大切にしているからこその好業績であることがみえてきます。

まずはほめてみませんか

なかなか失敗をほめるというところまではできませんが、失敗を許し、次の機会を提供するという会社が元気なのは確かです。

でも、ほめるというのは難しいことです。なにしろ多くの人が減点主義で育ってきましたから。私も学生に対してついつい小言を言ってしまいます。アメリカ人のプロフェッサーのように、Wonderful! Great! Perfect! と最初にほめ言葉が浮かんできません。人を育て、挑戦を促すためには、ここはぐっとこらえて、皆さんも、新しいことへの挑戦に対して、ほめてみませんか。

馬場杉夫（ばば すぎお） 1966年　東京都生まれ

慶應義塾大学大学院商学研究科博士課程単位取得退学　博士（商学）　現在専修大学経営学部教授

［専門］戦略経営論　**［学会・社会活動］**日本経営学会　組織学会　Academy of Management　Strategic Management Society などに所属　日本学生自転車競技連盟理事

［著書・論文］共著『「組織力」の経営―日本のマネジメントは有効か』（中央経済社，2002年）『個の主体性尊重のマネジメント』（白桃書房，2005年）　共著『経営戦略論』（中央経済社，2006年）ほか

挿画・nigaoe

吉田雅明（よしだ まさあき） 1962年　広島県生まれ

京都大学大学院経済学研究科博士課程単位取得退学　博士（経済学）　現在専修大学経済学部教授

専門は　ケインズ『一般理論』形成史　進化経済学

編著書に 『ケインズ　歴史的時間から複雑系へ』（日本経済評論社，1997年）『経済学の現在　2』（同，2005年）ほか

『経済学者に騙されないための経済学入門』（ナカニシヤ出版，2004年）でイラスト担当

熊倉広志（くまくら ひろし） 1961年 東京生まれ

東京工業大学大学院博士後期課程社会理工学研究科修了 博士（学術） 現在専修大学商学部教授

［専門］マーケティング論 **［学会活動］**日本商業学会幹事 日本広告学会評議員 アジア経営学会評議員など

［著書・論文］原田保，三浦俊彦編著『マーケティング戦略論―レビュー・体系・ケース』（芙蓉書房，2008年，第7章） 中村博編『マーケット・セグメンテーション』（白桃書房，2008年，第7章） 「広告効果の概念と測定・分析の方法」『経営システム』（18巻1号，2008年，pp. 19-25）

加藤茂夫（かとう しげお） 1947年 札幌生まれ

明治大学大学院経営学研究科博士課程単位取得退学 現在専修大学経営学部教授

［専門］経営組織論 **［学会・社会活動］**日本経営教育学会常任理事 （財）製粉振興会理事 （社）全国地質調査業協会理事 （社）潤滑油協会理事 東都大学野球連盟理事

［著書・論文］『増補版 心の見える企業―ベンチャー企業とバルーン型組織への誘い』（泉文堂，2007年） 編著『ニューリーダーの組織論―企業のダイナミズムを引き出す』（泉文堂，2002年） 監修『核心経営』（白桃書房，2000年）

田口冬樹（たぐち ふゆき） 1948年 秋田県生まれ

専修大学大学院経済学研究科博士課程修了 博士（経営学） 現在専修大学経営学部教授

［専門］マーケティング 流通論 **［学会・社会活動］**日本商業学会監事 東京大学経済学部非常勤講師など

［著書・論文］『新訂 体系流通論』（白桃書房，2005年） 以下共同執筆 “Japan's Second Distribution Revolution: The Penetration of Global Retail Formats”, in M.R. Czinkota and M. Kotabe (ed.), *Japanese Distribution Strategy*, Business Press. “Reassessing Japanese Distribution System”, Sloan Management Review, MIT. など

在間敬子（ざいま けいこ）　大阪府生まれ

京都大学大学院経済学研究科博士後期課程修了　博士（経済学）　現在京都産業大学経営学部准教授

［専門］環境経営論　環境経済学　社会シミュレーション学　**［学会・社会活動］**日本シミュレーション&ゲーミング学会論文審査委員会委員など

［著書・論文］『環境コミュニケーションのダイナミズム』（共編著，白桃書房，2006年）「中小企業の環境経営推進の条件に関する実証分析：機械・金属業とプラスチック加工業のケース」『社会・経済システム』No. 29，pp. 67-76，2008年　ほか

上田和勇（うえだ かずお）　1950年　愛媛県生まれ

早稲田大学大学院商学研究科博士課程単位取得　商学博士　現在専修大学商学部教授

［専門］リスクマネジメント　保険論　**［学会・社会活動］**日本リスクマネジメント学会理事長　川崎市３大学（専修，明治，他）連携事業「磨けば光る多摩事業」審査委員長

［著書・論文］『企業価値創造型リスクマネジメント』（白桃書房，2007年）『持続可能型保険企業への変貌』（同文舘，2008年）「保険企業におけるリスクマネジメントの役割」（日本リスクマネジメント学会『危険と管理』第39号，平成20年，pp. 49-61.）ほか

泉　留維（いずみ るい）　1974年　広島県生まれ

東京大学大学院総合文化研究科博士課程単位取得退学　現在専修大学経済学部准教授

［専門］地域通貨論　コモンズ論　**［学会・社会活動］**NPO法人ぐらす・かわさき理事など

［著書・論文］『だれでもわかる地域通貨入門』（北斗出版，2000年，共著）『エンデの警鐘：地域通貨の希望と銀行の未来』（NHK出版，2002年，第５・６章）『環境と公害：経済至上主義から命を育む経済へ』（日本評論社，2007年，共著）など

執筆者紹介（掲載順）

原田博夫（はらだ ひろお） 1948年 茨城県生まれ

慶應義塾大学大学院経済学研究科博士課程単位取得退学
現在専修大学経済学部教授 大学院経済学研究科長
［専門］ 地方財政論 **［学会・社会活動］** 公共選択学会・会長 川崎市特別職報酬等審議会・会長 文部科学省私立大学戦略的研究基盤形成支援事業「持続的発展に向けての社会関係資本の多様な構築：東アジアのコミュニティ，セキュリティ，市民文化の観点から」（2009年度～13年度）研究代表など
［著書・論文］『人と時代と経済学』（専修大学出版局，2005年） 加藤寛編『入門公共選択―政治の経済学』（勁草書房，2005年，第８章）ほか

永江雅和（ながえ まさかず） 1970年 福岡県生まれ

一橋大学経済学研究科後期博士課程単位取得退学 現在専修大学経済学部教授
［専門］ 日本経済史 **［学会・社会活動］** 政治経済学・経済史学会研究委員 千葉県史調査研究委員など
［著書・論文］ 橘川武郎・粕谷誠編『日本不動産業史』（名古屋大学出版会，2007年，第５章第１節，第２節） 西田美昭・加瀬和俊編『高度経済成長期の農業問題』（日本経済評論社，2000年）「向ヶ丘遊園の経営史―電鉄会社付帯事業としての遊園地業」（専修大学社会科学研究所『社会科学年報』，2008年）

内山哲朗（うちやま てつろう） 1950年 長野県生まれ

一橋大学大学院社会学研究科博士課程単位取得退学 現在専修大学経済学部教授
［専門］ 社会政策・社会運動
［著書・論文］ 編著『非営利・協同システムの展開』（日本経済評論社，2008年） 共著『職業と仕事…働くって何？』（専修大学出版局，2008年） 共訳『欧州サードセクター』（日本経済評論社，2007年） 共著『人と時代と経済学―現代を根源的に考える』（専修大学出版局，2005年） 共訳『社会的企業』（日本経済評論社，2004年）ほか

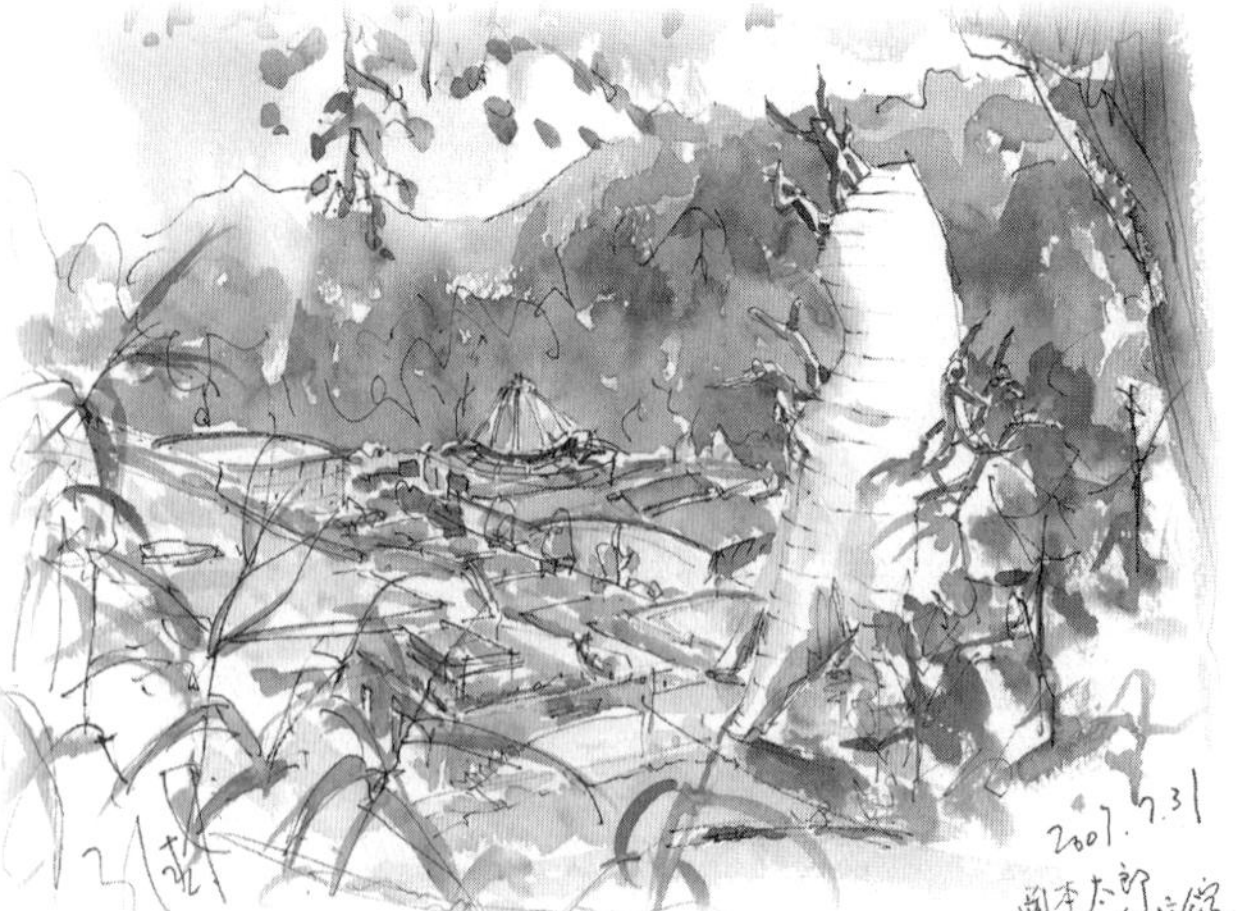
2007.7.31
岡本太郎美術館

SI Libretto —— 002

身近な経済学——小田急沿線の生活風景

2009年 7 月25日　第 1 版第 1 刷発行

編　者　　原田博夫

発行者　　渡辺政春

発行所　　専修大学出版局

〒101-0051 東京都千代田区神田神保町 3－8

㈱専大センチュリー内

電話 03（3263）4230㈹

装　丁　　本田　進

印刷・製本　株式会社加藤文明社

ISBN978-4-88125-215-4

創刊の辞

専修大学創立一三〇年を記念して、ここに「ＳＩ　Ｌｉｂｒｅｔｔｏ（エスアイ・リブレット）」を刊行いたします。専修大学の前身である「専修学校」は、明治一三年（一八八〇年）に創立されました。京橋区木挽町にあった明治会堂の別館においてその呱々の声をあげ、その後、現在の千代田区神田神保町に本拠地を移して、一三〇年の間途絶えることなく、私学の高等教育機関として、社会に有為な人材を輩出してまいりました。明治維新前後の動乱の中を生き抜いた創立者たちは、米国に留学し、帰国して直ちに「専修学校」を立ち上げましたが、その目的は、日本語によって法律学および経済学を教授することを突破口として、市民レベルから社会の骨格を支える有為な人材を育成することにありました。創立者たちのこの熱き思いを二一世紀に花開かせるために、専修大学は、二一世紀ビジョンとして「社会知性（Socio-Intelligence）の開発」を掲げました。

大学の教育力・研究力をもとにした社会への「知の発信」を積極的に行うことは、本学の二一世紀ビジョンを実現する上で重要なことであります。そこで、社会知性の開発の一端を担う本を刊行することとし、その名称としては、Socio-Intelligence の頭文字を取り、かつ内容を分かり易く解き明かした手軽な小冊子という意味を込めて、「ＳＩ　Ｌｉｂｒｅｔｔｏ」（エスアイ・リブレット）の名を冠することにいたしました。

「ＳＩ　Ｌｉｂｒｅｔｔｏ」が学生及び卒業生に愛読されるだけでなく、専修大学の枠組みを越えて多くの人々に広く読み継がれるものに発展して行くことを願っております。本リブレットが来るべき知識基盤社会の到来に寄与することを念じ、刊行の辞といたします。

平成二一年（二〇〇九年）四月

第一五代学長　日高　義博